1 fr. 25 le volume

ŒUVRES COMPLÈTES D'HECTOR MALOT

IDA
ET
CARMELITA

PARIS
LIBRAIRIE MARPON & FLAMMARION
E. FLAMMARION, SUCC^r
26, RUE RACINE, PRÈS L'ODÉON

IDA ET CARMELITA

OUVRAGES DE HECTOR MALOT

COLLECTION GRAND IN-18 JÉSUS

LES VICTIMES D'AMOUR : LES AMANTS, LES ÉPOUX, LES ENFANTS	2 vol.
LES AMOURS DE JACQUES	1 —
ROMAIN KALBRIS	1 —
UN BEAU-FRÈRE	1 —
MADAME OBERNIN	1 —
UNE BONNE AFFAIRE	1 —
UN CURÉ DE PROVINCE	1 —
UN MIRACLE	1 —
SOUVENIRS D'UN BLESSÉ. — SUZANNE	1 —
— — MISS CLIFTON	1 —
LA BELLE MADAME DONIS	1 —
CLOTILDE MARTORY	1 —
UNE BELLE-MÈRE	1 —
LE MARI DE CHARLOTTE	1 —
L'HÉRITAGE D'ARTHUR	1 —
L'AUBERGE DU MONDE : LE COLONEL CHAMBERLAIN, LA MARQUISE DE LUCILLIÈRE	1 —
— — IDA ET CARMELITA, THÉRÈSE	1 —
MADAME PRÉTAVOINE	2 —
CARA	1 —
SANS FAMILLE	2 —
LE DOCTEUR CLAUDE	1 —
LA BOHÊME TAPAGEUSE	2 —
UNE FEMME D'ARGENT	1 —
POMPON	1 —
SÉDUCTION	1 —
LES MILLIONS HONTEUX	1 —
LA PETITE SŒUR	2 —
PAULETTE	1 —
LES BESOIGNEUX	2 —
MARICHETTE	2 —
MICHELINE	1 —
LE SANG BLEU	1 —
LE LIEUTENANT BONNET	1 —
BACCARA	1 —
ZYTE	1 —
VICES FRANÇAIS	1 —
GHISLAINE	1 —
CONSCIENCE	1 —
JUSTICE	1 —
MARIAGE RICHE	1 —
MONDAINE	1 —
MÈRE	1 —
ANIE	1 —
COMPLICES	1 —

Mme HECTOR MALOT

FOLIE D'AMOUR	1 —

ÉMILE COLIN. — IMPRIMERIE DE LAGNY.

IDA

ET

CARMELITA

PAR

HECTOR MALOT

PARIS
LIBRAIRIE MARPON ET FLAMMARION
E. FLAMMARION, SUCC[r]
26, RUE RACINE, PRÈS L'ODÉON

AVERTISSEMENT

M. Hector Malot qui a fait paraître, le 20 mai 1859, son premier roman « LES AMANTS », va donner en octobre prochain son soixantième volume « COMPLICES »; le moment est donc venu de réunir cette œuvre considérable en une collection complète, qui par son format, les soins de son tirage, le choix de son papier, puisse prendre place dans une bibliothèque, et par son prix modique soit accessible à toutes les bourses, même les petites.

Pendant cette période de plus de trente années, Hector Malot a touché à toutes les questions de son temps; sans se limiter à l'avance dans un certain nombre de sujets ou de tableaux qui l'auraient borné, il a promené le miroir du romancier sur tout ce qui mérite d'être étudié, allant des petits aux grands, des heureux aux misérables, de Paris à la Province, de la France à l'Étranger, traversant tous les mondes, celui de la politique, du clergé, de l'armée, de la magistrature, de l'art, de la science, de l'industrie méritant que le poète Théodore de Banville écrivît de lui « que ceux qui voudraient reconstituer l'histoire intime de notre époque devraient l'étudier dans son œuvre ».

Il nous a paru utile que cette œuvre étendue, qui va du plus dramatique au plus aimable, tantôt douce ou tendre, tantôt passionnée ou justiciaire, mais toujours forte, toujours sincère, soit expliquée, et qu'il lui soit même ajouté une clé quand il en est besoin. C'est pourquoi nous avons demandé à l'auteur d'écrire sur chaque roman une notice que nous placerons à la fin du volume. Quand il ne prendra pas la parole lui-même, nous remplacerons cette notice par un article critique sur le roman publié au moment où il a paru, et qui nous paraîtra caractériser le mieux le livre ou l'auteur.

Jusqu'à l'achèvement de cette collection, un volume sera mis en vente tous les mois.

L'éditeur,

E. F.

IDA ET CARMELITA[1]

I

Tout le monde sait que la Suisse est la patrie des hôtels, qui poussent spontanément sur son sol comme les pins et les champignons ; pas de village, pas de hameau, si pauvre qu'il soit, pas de site, pour peu qu'il offre une curiosité quelconque, qui n'ait son auberge, son hôtel ou sa pension.

C'est ainsi qu'au hameau du Glion, au-dessus de Montreux, à une altitude de six à sept cents mètres, à la pointe d'une sorte de promontoire qui s'avance vers le lac a été construit l'hôtel du *Rigi-Vaudois*.

La position, il est vrai, est des plus heureuses, à l'abri des chaleurs comme des froids, au milieu d'un air vif et salubre, en face d'un merveilleux panorama.

Si l'on ne veut pas sortir, on a devant soi les sombres rochers de Meillerie, que couronnent les Alpes neigeuses

(1) L'épisode qui précède *Ida et Carmélita* a pour titre *La marquise de Lucillière*.

de la Savoie, et, à droite et à gauche, la nappe bleue du lac, qui commence à l'embouchure du Rhône pour s'en aller vers Genève, jusqu'à ce que ses rives s'abaissent et se perdent dans un lointain confus.

Au contraire, si l'on aime la promenade, on n'a qu'un pas à faire pour se trouver immédiatement sur les pentes herbées ou boisées qui descendent des dents de Naye et de Jaman.

Deux chemins conduisent au Glion : l'un est une bonne route de voiture qui monte du lac par des lacets tracés sur le flanc de la montagne ; l'autre est un simple sentier qui grimpe à travers les pâturages et le long d'un torrent.

C'était à cet hôtel du *Rigi-Vaudois* que le colonel s'était arrêté en venant de Paris ; et séduit par le calme autant que par la belle vue, il y avait pris un appartement de trois pièces ouvrant leurs fenêtres sur le lac : une chambre pour lui, une salle à manger où on le servait seul, et une chambre pour Horace.

Il sortait le matin de bonne heure, son *alpenstock* ferré à la main, un petit sac sur le dos, les pieds chaussés de bons souliers à semelles épaisses et garnies de gros clous et il ne rentrait que dans la soirée, quand il rentrait; car il arrivait souvent que ses excursions l'ayant entraîné au loin, il couchait dans un chalet de la montagne ou dans une auberge d'un village éloigné.

On ne le voyait guère, et le soir quand on entendait de gros souliers ferrés résonner dans le corridor, on savait seulement qu'il rentrait ; le matin, en entendant le même pas, on savait qu'il sortait.

Ceux qui occupaient les chambres situées sous les siennes entendaient aussi parfois, dans le silence de la nuit, la marche lente et régulière de quelqu'un qui se promenait, et l'on savait que cette nuit-là, ne pouvant rester au lit, il avait arpenté son appartement.

Enfin ceux des pensionnaires qui, dans la soirée, allaient respirer le frais sur l'esplanade qui domine le lac, apercevaient souvent, en se retournant vers l'hôtel, une grande ombre accoudée à une fenêtre. C'était le colonel, qui restait là à regarder la lune brillant au-dessus des montagnes sombres de la Savoie et frappant les eaux tranquilles du lac de sa lumière argentée.

C'étaient là les seuls signes de vie qu'il donnât, et souvent même on aurait pu penser qu'il était parti, si l'on n'avait pas vu son valet de chambre promener mélancoliquement, dans le jardin de l'hôtel et dans les prairies environnantes, son ennui et son impatience.

— Cela durera donc toujours ainsi? se disait Horace.

Mais ce mot, il le prononçait tout bas et lorsqu'il était seul.

Car, bien qu'il s'ennuyât terriblement au Glion et qu'il regrettât Paris au point d'en perdre l'appétit, il respectait trop son maître pour se permettre une seule question sur ce séjour.

S'il avait pu seulement écrire à Paris, au moins il aurait ainsi expliqué son absence, qui devait paraître incompréhensible. Que devait-on penser de lui? Il avait la religion de sa parole, et c'était pour lui un vrai chagrin d'y manquer. A vrai dire, même, c'était sa grande inquiétude ; car de croire qu'on pouvait l'oublier ou le remplacer, il ne le craignait pas.

Un jour qu'il avait été s'asseoir sur la route qui monte de Montreux au Glion, à l'entrée d'une grotte tapissée de fougères qui se trouve à l'un des détours de cette route, il vit venir lentement, au pas, une calèche portant trois personnes : deux dames assises sur le siège de derrière, un monsieur placé sur le siège de devant.

Et tout en regardant cette calèche qui s'avançait cahin-caha, il se dit que les voyageurs qu'elle apportait allaient être bien désappointés en arrivant, car il n'y avait pas d'appartement libre en ce moment à l'hôtel.

Ah! comme il eût volontiers cédé sa chambre et celles de son maître, à ces voyageurs, à condition qu'ils lui auraient offert leur calèche pour descendre à la station, où il se serait embarqué pour Paris.

Cependant la voiture avait continué de monter la côte et elle s'était rapprochée.

Tout à coup il se frotta les yeux comme pour mieux voir. L'une des deux dames était vieille, avec des cheveux gris et une figure jaune; l'autre était jeune, avec des cheveux noirs et un teint éblouissant, qui renvoyait les rayons de la lumière.

Il semblait que ces deux femmes fussent la comtesse Belmonte et sa fille, la belle Carmelita.

Il s'était avancé sur le bord de la route pour mieux regarder au-dessous de lui. Mais à ce moment la voiture était arrivée à l'un des tournants du chemin, et brusquement les deux dames, qu'il voyait de face, ne furent plus visibles pour lui que de dos.

Seulement, par une juste compensation de cette déception, le monsieur qui lui faisait vis-à-vis devint visible de face.

C'était un homme de grande taille, avec une barbe noire, mais cette barbe était tout ce qu'on pouvait voir de son visage; car, en regardant d'en haut, l'œil était arrêté par les rebords de son chapeau, qui le couvraient jusqu'à la bouche.

A un certain moment, il releva la tête vers le sommet de la montagne, et Horace le vit alors en face.

Il n'y avait pas d'erreur possible, c'était le prince Mazzazoli accompagnant sa sœur et sa nièce.

Pendant que la voiture avançait, Horace se demanda quel effet cette arrivée allait produire sur son maître.

Quelle heureuse diversion cependant pourrait jeter dans leur vie la belle Italienne, si le colonel voulait bien ne pas se sauver au loin comme un sauvage.

Quel malheur qu'il n'y eût pas de chambres libres en ce moment à l'hôtel du Rigi-Vaudois !

Pendant qu'il cherchait à arranger les choses pour le mieux, c'est-à-dire à trouver un moyen de garder le prince et sa nièce, la calèche était arrivée vis-à-vis la grotte.

— Comment ! vous ici, Horace ? s'écria le prince en se penchant en avant.

Horace s'était avancé.

— Est-ce que le colonel est en Suisse ? demanda la comtesse Belmonte.

A cette question de la comtesse, Horace se trouva assez embarrassé ; car sans savoir si son maître serait ou ne serait pas bien aise de voir des personnes de connaissance, il n'avait pas oublié la consigne qui lui avait été donnée.

Comme il hésitait, ce fut mademoiselle Belmonte qui l'interrogea.

— Comment se porte le colonel ? dit-elle.

Il était ainsi fait, qu'il ne savait ni résister, ni rien refuser à une femme.

— Hélas ! pas trop bien, répondit-il.

— Et où donc êtes-vous présentement ? demanda le prince.

Horace en avait trop dit pour refuser maintenant de répondre.

Il dit donc que son maître et lui étaient à l'hôtel du Rigi-Vaudois.

— A l'hôtel du Rigi-Vaudois, vraiment ? Quelle bizarre coïncidence ! c'était là justement qu'ils allaient.

— Le cocher nous disait qu'il n'y avait pas de chambres vacantes en ce moment, continua la comtesse. Est-ce que cela est vrai ? le savez-vous ?

Hélas ! oui, il le savait et il fut bien obligé d'en convenir.

A l'hôtel, le *kellner* répéta au prince Mazzazoli ce qu'Horace avait déjà dit :

— Il n'y avait pas d'appartement disponible en ce moment. Si Son Excellence avait pris la peine d'envoyer une dépêche, quelques jours à l'avance, on aurait été heureux de se conformer à ses ordres; mais on ne pouvait pas déposséder les personnes arrivées depuis longtemps, pour donner leurs appartements à des nouveaux venus, si respectables que fussent ceux-ci.

Horace voulut intervenir, mais ce fut inutilement.

— La seule chambre libre en ce moment est celle qui sert de salle à manger à votre maître, et encore n'est-ce pas ce qu'on peut appeler une chambre libre; elle ne le deviendrait que s'il voulait bien la céder.

A ce mot, le prince, qui avait tout d'abord montré un vif mécontentement, se radoucit, et, se tournant vers Horace :

— Est-ce que le colonel tient beaucoup à cette chambre? demanda-t-il; en a-t-il un réel besoin? Si je me permets cette insistance, c'est que nous nous trouvons placés dans des conditions toutes particulières. Le séjour de Paris, dans un air mou et vicié, a été contraire à la santé de madame la comtesse Belmonte; on lui a ordonné, comme une question de vie ou de mort, l'habitation, pendant quelque temps, dans une haute station atmosphérique, et c'est là ce qui nous a fait choisir le Glion, où, nous assure-t-on, son anémie et sa maladie nerveuse disparaîtront comme par enchantement, par miracle, dans cet air raréfié.

— Nous avons bien en haut, tout en haut, sous les toits, deux chambres ou plus justement deux cabinets, mais qui ne sont pas habitables pour des dames; si Son Excellence tient essentiellement à loger au Rigi, il n'y aurait qu'un moyen, ce serait que M. le colonel cédât la chambre lui servant de salle à manger, en même temps ce serait que M. Horace Cooper voulût bien abandonner aussi sa chambre et se contenter d'un cabinet sous les toits. Alors les deux dames auraient un appartement convenable. Il est vrai que Son Excellence et M. Horace Cooper seraient horriblement mal logés. Mais comment faire autrement en attendant le départ de quelques pensionnaires, départ prochain d'ailleurs, et qui ne dépasserait pas deux ou trois jours?

— Il faudrait voir le colonel, dit le prince, car, malgré l'ennui que tout cela pourra lui causer, je suis certain qu'il ne nous refusera pas ce service dans les conditions critiques où nous nous trouvons.

Horace accueillit avec empressement cette idée qui le tirait d'embarras.

Car, malgré son envie de retenir mademoiselle Belmonte, et de la voir se fixer au Glion, il n'osait prendre sur lui d'accepter l'arrangement proposé par le prince Mazzazoli; il y aurait eu là, en effet, un acte d'autorité un peu violent.

Et tandis que le prince Mazzazoli faisait venir ses bagages de Montreux, en homme qui ne doute pas de l'acceptation de ses combinaisons, Horace quittait l'hôtel pour aller se poster sur le chemin par lequel il supposait que le colonel devait revenir de sa promenade.

Les heures s'écoulèrent sans que le colonel parût.

Déjà les ombres qui avaient envahi les vallées les plus basses commençaient à monter le long des montagnes et l'air se rafraîchissait.

Comme Horace se demandait s'il ne devait pas rentrer à l'hôtel, il aperçut son maître qui descendait le sentier au bout duquel il l'attendait.

Le colonel marchait lentement, le bâton ferré sur l'épaule, la tête inclinée en avant, comme un homme préoccupé qui suit sa pensée et ne se laisse pas distraire par les agréments du chemin qu'il parcourt.

Il vint ainsi sans lever la tête, jusqu'à quelques pas d'Horace.

Mais l'ombre que celui-ci projetait sur le chemin l'arrêta et le fit lever les yeux.

· Toi ? dit-il.

— C'est M. le prince Mazzazoli qui est arrivé à l'hôtel, ainsi que madame la comtesse Belmonte et mademoiselle Carmelita.

— Et qui leur a dit que j'habitais cet hôtel du Rigi.

— Ils ne savaient pas trouver mon colonel. C'est le prince lui-même qui me l'a dit.

Et Horace expliqua comment il avait par hasard rencontré la calèche qui amenait le prince à l'hôtel du Rigi, et comment le prince lui avait expliqué qu'il venait en Suisse pour la santé de la comtesse. Il fallait à celle-ci une habitation à une altitude élevée : c'était disaient les médecins, une question de vie ou de mort.

— Je croyais qu'il n'y avait pas de chambres disponibles en ce moment à notre hôtel, interrompit le colonel.

— Justement il n'y en a pas.

— Eh bien ! alors ?

Horace entreprit le récit de ce qui s'était passé, comment le sommellier avait été amené par hasard, par force pour ainsi dire, à parler de la chambre que le colonel transformait en salle à manger, et comment le prince attendait l'arrivée du colonel pour lui demander cette chambre.

A ce mot, le colonel frappa fortement la terre de son *alpenstock*.

— C'est bien, dit-il, je ne rentre pas ; le prince se décidera sans doute à chercher plus loin ; tu diras que tu ne m'as pas rencontré. Je ne reviendrai que dans quelques jours.

— Ah ! mon colonel.

Et Horace qui voyait s'évanouir ainsi le plan qu'il avait formé, essaya de représenter à son maître combien cette explication serait peu vraisemblable.

Pendant quelques secondes le colonel resta hésitant; puis, tout à coup, comme s'il avait pris son parti :

— C'est bien, dit-il, rentrons à l'hôtel.

— Puis-je prendre les devants pour annoncer votre arrivée?

— Non; je désire m'expliquer moi-même avec le prince.

En arrivant à l'hôtel, il aperçut le prince installé avec sa sœur et sa nièce dans le jardin où ils prenaient des glaces; vivement le prince se leva pour accourir au-devant de lui : jamais accueil ne fut plus chaleureux.

Après le départ d'Horace, le prince avait fait monter son bagage dans le cabinet qui lui était donné sous les toits, mais il avait voulu que les malles de sa sœur et de sa nièce restassent dans le vestibule de l'hôtel.

Avant de s'installer dans la salle à manger du colonel, il fallait attendre le retour de celui-ci.

Il était convenable de lui demander cette chambre.

Seulement, en même temps, il était bon de le mettre dans l'impossibilité de la refuser.

Où coucheraient la comtesse et Carmelita?

Devant une pareille question, la réponse ne pouvait pas être douteuse.

C'était donc en costume de voyage que la comtesse et Carmelita avaient dîné à table d'hôte, où leur présence avait fait sensation.

Pour Carmelita, elle se contenta de tendre la main au colonel et de poser sur lui ses grands yeux, qui s'étaient éclairés d'une flamme rapide.

Mais ce n'était pas seulement pour avoir le plaisir de serrer la main de ce cher colonel que le prince Mazzazoli attendait son retour avec impatience.

1.

Il avait une demande à lui adresser, une prière, la plus importune, la plus inconvenante, mais qui lui était imposée par la nécessité.

— Je sais par Horace de quoi il s'agit, interrompit le colonel, et je suis heureux de mettre deux de mes chambres à la disposition de ces dames. Je regrette seulement que vous n'en ayez pas déjà pris possession en m'attendant, car vous deviez bien penser que je m'empresserais de vous les offrir.

Comme le prince se confondait en excuses en même temps qu'en remercîments, le colonel l'interrompit de nouveau.

— Je vous assure que vous ne me devez pas tant de reconnaissance. Au reste le sacrifice que je vous fais est bien petit, et je regrette même que les circonstances le rende si insignifiant.

— Il n'en est pas moins vrai que, pour nous, vous vous privez de vos chambres, dit Carmelita.

— Pour une nuit...

— Comment! pour une nuit? s'écria le prince.

— Je pars demain soir.

Carmelita attacha sur le colonel un long regard qui fit baisser les yeux à celui-ci.

Pour échapper à l'embarras que ce regard de Carmelita lui causait, il se jeta dans des explications sur son départ, arrêté depuis longtemps, dit-il, et qui ne pouvait être différé.

Puis presqu'aussitôt, prétextant la fatigue, le prince demanda au colonel la permission de conduire la comtesse à sa chambre.

Dans son état, elle avait besoin des plus grands ménagements.

Et tout bas il dit au colonel que la pauvre femme était bien mal et qu'un accès de fatigue pouvait la tuer.

II

Ce que le colonel eût voulu savoir et ce qu'il se demandait curieusement, c'était pourquoi le prince était venu au Glion.

Il n'avait point oublié, bien entendu, ce que madame de Lucillière lui avait si souvent répété à propos des projets du prince et de ses espérances matrimoniales.

Il se pouvait donc très bien que ce voyage au Glion n'eût pas d'autre but que l'accomplissement de ces projets et la réalisation de ces espérances.

Sachant ce qui s'était passé avec madame de Lucillière, le prince avait trouvé que le moment était favorable pour mettre Carmelita en avant et la présenter comme une consolatrice.

Alors la maladie de la comtesse Belmonte n'était qu'un prétexte pour expliquer ce voyage.

Il faut dire que le colonel n'était nullement disposé à l'infatuation, et que de lui-même il n'eût très probablement jamais imaginé qu'on pouvait courir après lui pour le marier avec une jolie fille. Mais madame de Lucillière lui avait si souvent parlé de ce projet du prince, que le souvenir de ces paroles ne pouvait pas ne pas l'inquiéter en présence d'une arrivée si étrange.

En tout cas, il n'y avait pour lui qu'une chose à faire. Quitter le Glion.

Lorsqu'il monta à sa chambre, il ouvrit sa porte avec précaution et il marchait doucement en évitant de faire du bruit, de peur de déranger ses voisines, lorsqu'il entendit frapper quelques petits coups à la cloison.

En même temps, une voix, — celle de Carmelita, — l'appela.

— Colonel, c'est vous, n'est-ce pas?

On parlait contre la porte qui mettait les deux chambres en communication intérieure et qui, alors qu'il occupait ces deux chambres, restait toujours ouverte.

— Oui, c'est moi, dit-il.

— Je vous ai bien reconnu aux précautions que vous preniez pour ne pas faire de bruit; ne vous gênez pas, je vous prie. C'est moi qui suis votre voisine. J'ai le sommeil bon; quand je dors, rien ne me réveille. Bonsoir.

— Bonsoir.

Comment? il serait exposé tous les soirs à des dialogues de ce genre; à chaque instant dans le jour, il verrait Carmelita! Ah! certes non, et le lendemain il quitterait le Glion.

Le lendemain matin, comme il sortait de sa chambre, il trouva dans le vestibule le prince Mazzazoli qui se promenait en long et en large.

— Auriez-vous deux minutes à me donner? demanda-t-il en serrant la main du colonel.

— Mais tout ce que vous voudrez.

— Connaissez-vous Champéry? j'entends, y êtes-vous allé?

— Non.

— Et les Diablerets?

— Je n'y suis pas allé non plus.

— Et le val d'Anniviers?

— Je ne le connais que par les livres,

— Voilà qui est fâcheux. J'avais compté sur vous pour me tirer d'embarras : les livres, les guides, c'est parfait, mais dans notre situation ce n'est pas suffisant.

— Et que vous importe Champéry ou le val d'Anniviers?

— Il faut être franc, n'est-ce pas? D'ailleurs je voudrais ne pas l'être, que cela me serait impossible. Je vous demande des renseignements sur Champéry et les Diablerets, parce que mon intention est d'aller aux Diablerets, ou à Champéry, ou au val d'Anniviers, enfin dans un pays où ma pauvre sœur trouvera les conditions atmosphériques qui sont ordonnées; et si je choisis ces pays, c'est parce qu'ils ne sont qu'à une courte distance du Glion.

— Mais le Glion lui-même?

— J'avais choisi le Glion, parce que je le connaissais et que je savais que c'était la station par excellence pour ma malheureuse sœur. Mais nous ne pouvons pas rester au Glion. Vous m'avez demandé d'être franc, je veux l'être jusqu'au bout. Avec une bonne grâce parfaite, avec un élan spontané, vous avez voulu nous céder vos chambres; mais il est bien évident que notre présence vous gêne.

— Comment pouvez-vous penser?

— Je ne pense pas, je suis certain. Pour des raisons que je n'ai pas à examiner, vous désirez être seul; notre voisinage vous incommode et vous trouble. Alors vous partez. Eh bien, mon cher colonel, cela ne doit pas être. Ce n'est pas à vous de partir, c'est à nous de vous céder la place.

— Permettez...

— Je vous en prie, laissez-moi achever. Nous sommes ici dans des conditions tout à fait particulières. Si vous n'aviez pas habité cet hôtel, nous n'aurions pas pu nous y faire recevoir. Nous ne sommes donc ici que par vous, par votre complaisance. Eh bien, mon cher colonel, il serait tout à fait absurde que vous fussiez victime de votre complaisance. Nous vous gênons; vous désirez la solitude, que vous ne pouvez plus trouver, nous ayant pour voisins. Nous nous en allons : rien n'est plus simple, rien n'est plus juste. Voilà pourquoi je vous demandais des renseignements sur les hôtels des environs, pensant que vous les connaissiez et ne voulant pas me lancer à l'aventure avec une malade.

— Jamais je n'accepterai ce départ.

— Et moi, jamais je n'accepterai le vôtre.

— Mon intention n'était pas de rester au Glion.

— Elle n'était pas non plus d'en partir aujourd'hui. De cela, je suis bien *certain*; j'ai *interrogé* Horace, qui ne savait rien, et qui assurément eût été prévenu si votre départ avait été arrêté avant notre arrivée.

Le colonel demeura assez embarrassé. Il ne lui convenait pas en effet de reconnaître qu'il quittait l'hôtel pour fuir la présence du prince et de Carmelita : c'était là une grossièreté qui n'était pas dans ses habitudes, ou bien c'était avouer sa faiblesse pour madame de Lucillière, ce qui le blessait dans sa pudeur d'amant malheureux.

— Devant partir un jour ou l'autre, il est bien naturel cependant que je vous cède tout de suite une chambre qui vous est indispensable, car vous ne pouvez pas rester dans le trou où vous avez passé la nuit.

— Un jour ou l'autre, je vous le répète, je comprends cela; ce que je ne comprends pas, c'est aujourd'hui. Ainsi, voilà qui est bien entendu : si vous persistez dans votre intention de partir ce soir, c'est nous qui partons ce matin pour les Diablerets ou pour Champéry, peu importe; si au contraire vous restez pour quelques jours, nous restons, nous aussi, tout le temps qui sera nécessaire pour la santé de ma sœur.

Dépossédé de la chambre dans laquelle il prenait ses repas, le colonel dut déjeuner dans la salle à manger commune.

Au moment où il allait entrer dans cette salle, il se rencontra avec le prince, et celui-ci lui proposa de prendre place à la table qu'il s'était fait réserver, au lieu de s'asseoir à la grande table.

Il se trouva donc placé entre la comtesse et Carmelita, et, au lieu de lire tout en mangeant, comme il en avait l'habitude lorsqu'il était seul, il dut soutenir une conversation suivie.

Il avait une crainte assez poignante, qui était que la comtesse ou Carmelita vinssent à parler de madame de Lucillière; mais le nom de la marquise ne fut même pas prononcé, et, comme s'il y avait eu une entente préalable pour éviter les sujets qui pouvaient le gêner, on ne parla pas de Paris.

La comtesse ne s'occupa que de sa maladie, et Carmelita que du pays dans lequel elle allait passer une saison.

Elle montra même tant d'empressement à connaître ce pays, que le colonel se trouva pour ainsi dire obligé à se mettre à sa disposition pour la guider après le déjeuner.

— Nous commanderons une voiture, dit le prince, et et nous emploierons notre après-midi à visiter les villages environnants.

Pendant que la comtesse et sa fille allaient revêtir une toilette de promenade, le prince prît le colonel par le bras et l'emmena à l'écart.

— Est-ce que vous avez reçu des lettres de Paris depuis votre départ? demanda-t-il.

— Non.

— Alors vous ignorez l'effet que ce départ a produit?

C'était là un sujet de conversation qui ne pouvait être que très pénible pour le colonel; il ne répondit donc pas à cette question.

Mais le prince continua :

— Personne ne s'est mépris sur les causes qui ont provoqué votre brusque détermination.

Le colonel leva le bras, comme pour fermer la bouche au prince; mais celui-ci parut ne pas comprendre ce geste.

— Et tout le monde vous a approuvé, dit-il; il n'y a qu'une voix dans tout Paris.

Disant cela, le prince Mazzazoli tendit sa main au colonel comme pour joindre sa propre approbation à celle de tout Paris.

La situation était embarrassante pour le colonel. Que signifiaient ces paroles? Pourquoi et à propos de quoi l'avait-on approuvé? C'était une question qu'il ne pouvait pas poser au prince cependant.

— Je vous dirai entre nous, continua celui-ci, que madame de Lucilière elle-même n'a pas caché son sentiment.

Ce nom ainsi prononcé le fit pâlir et son cœur se serra, mais la curiosité l'empêcha de s'abandonner à son émotion.

— Quel sentiment? demanda-t-il.

— Mais celui qu'elle a éprouvé en apprenant votre départ. D'abord, quand on a commencé à croire que vous aviez véritablement quitté Paris, on a été fort étonné; tout le monde avait pensé qu'il ne s'agissait que d'une excursion de quelques jours. Mais, en ne vous voyant pas revenir, on a compris que c'était au contraire un vrai départ. Pourquoi ce départ? C'est la question que chacun s'est posée, et, chez tout le monde, la réponse a été la même.

Sur ce mot, le prince Mazzazoli fit une pause et regarda le colonel en se rapprochant de lui.

— Trouvant votre responsabilité trop gravement compromise dans votre association avec le marquis de Lucillière, vous vouliez bien établir que vous n'étiez pour rien dans les paris engagés sur *Voltigeur*.

Le colonel respira : l'esprit et le cœur remplis d'une seule pensée, il n'avait nullement songé à cette explication, et il avait tout rapporté, dans ces paroles à double sens, à madame de Lucillière.

— Un jour que l'on discutait votre départ mystérieux

dans un cercle composé des fidèles ordinaires de la marquise, le duc de Mestosa, le prince Sératoff, lord Fergusson, madame de Lucillière affirma très nettement que vous aviez bien fait de quitter Paris. « Le colonel est un homme violent, dit-elle, un caractère emporté ; il eût pu se fâcher en entendant les sots propos qu'on colporte sur les gains extraordinaires de *Voltigeur*, et avec lui les choses seraient assurément allées à l'extrême. Il a voulu se mettre dans l'impossibilité de se laisser emporter ; je trouve qu'il a agi sagement. » Vous pensez, mon cher ami, si ces paroles ont jeté un froid parmi nous. Personne n'a répliqué un mot. Mais la marquise, s'étant éloignée, on s'est expliqué, et tout le monde est tombé d'accord sur la traduction à faire des paroles de madame de Lucillière. Évidemment la femme ne pouvait pas accuser le mari franchement, ouvertement ; mais, d'un autre côté, l'amie ne voulait pas qu'on pût vous soupçonner de vous associer aux procédés du marquis. De là ce petit discours assez obscur, en apparence, mais au fond très clair. Qu'en pensez-vous ?

Ainsi la marquise n'avait pas craint d'expliquer leur rupture en jetant la suspicion sur son mari. « Ce n'est pas avec moi qu'il a rompu, avait-elle dit ; c'est avec M. de Lucillière. »

Elle tenait donc bien à ménager la jalousie de ses fidèles, qu'elle ne reculait pas devant une pareille explication.

A ce moment, la comtesse Belmonte et Carmelita descendirent dans le jardin, prêtes pour la promenade, et l'on monta en voiture.

Le prince s'étant placé vis-à-vis de sa sœur, le colonel se trouva en face de Carmelita.

Il ne pouvait pas lever les yeux sans rencontrer ceux de la belle Italienne, posés sur les siens.

La promenade fut longue et ils restèrent plusieurs heures ainsi en face l'un de l'autre.

— Est-ce qu'il y a des chemins de voiture pour aller sur les flancs de cette montagne ? demanda Carmelita en rentrant à l'hôtel et en montrant du bout de son ombrelle les pentes boisées du mont Cubli.

— Non, répondit le colonel ; il n'y a que des sentiers pour les piétons.

— Ne me demande pas de t'accompagner, dit le prince ; tu sais que les ascensions sont impossibles pour moi.

— Oh ! quand je voudrai faire cette promenade, ce ne sera pas à vous que je m'adresserai, mon cher oncle, dit-elle en riant ; ce sera au colonel.

III

Le colonel, le lendemain matin, était parti en excursion de manière à n'être pas exposé à refuser Carmelita, ce qui était presque impossible, ou à l'accompagner, ce qui n'était pas pour lui plaire dans les conditions morales où il se trouvait présentement.

Il resta absent pendant deux jours, et ne revint qu'assez tard dans la soirée, bien décidé à repartir le lendemain matin. Il n'y avait pas deux minutes qu'il était dans sa chambre, lorsqu'il entendit frapper deux ou trois petits coups à la porte-cloison ; en même temps une voix, — celle de Carmelita — l'appela :

— Vous rentrez ?

— A l'instant.

— Vous avez fait bon voyage ?

— Très bon, je vous remercie.

— Est-ce que vous êtes mort de fatigue ?

— Pas du tout.

— Ah ! tant mieux. Est-ce que la porte est condamnée de votre côté !

— Elle est fermée à clef.

— Et vous avez la clef ?

— Elle est sur la serrure.

— De sorte que, si vous voulez, vous pouvez ouvrir cette porte?

— Mais pas du tout; il y a un verrou de votre côté?

— Je sais bien. Je dis seulement que, si vous voulez tourner la clef en même temps que je pousse le verrou, la porte s'ouvre.

— Parfaitement.

— Eh bien! alors, si vous n'êtes pas mort de fatigue, vous plaît-il de tourner la clef? moi, je pousse le verrou.

Carmelita apparut, le visage souriant, la main tendue :

— Bonsoir, voisin, dit-elle.

— Bonsoir, voisine.

Et ils restèrent en face l'un de l'autre durant quelques secondes.

— Ma mère est endormie, et son premier sommeil est ordinairement difficile à troubler; cependant, en parlant ainsi à travers les cloisons, nous aurions pu la réveiller. Voilà pourquoi je vous ai demandé d'ouvrir cette porte.

Elle ne montrait nul embarras et paraissait aussi à son aise dans cette chambre qu'en plein jour, au milieu d'un salon.

— Depuis plus d'une heure je guettais votre retour, dit-elle, et je croyais déjà qu'il en serait aujourd'hui comme il en avait été hier.

— Hier j'ai été surpris par la nuit à une assez grande distance, et je n'ai pas pu rentrer.

— Et où avez-vous couché?

— Sur un tas de foin dans un chalet de la montagne.

— Mais c'est très amusant, cela.

— Cela vaut mieux que de coucher à la belle étoile, car les nuits sont fraîches dans la montagne; mais il y a quelque chose qui vaut encore beaucoup mieux qu'un tas de foin, c'est un bon lit.

— Vous aimez ces courses dans la montagne.

— J'aime la vie active, la fatigue; ces courses me délassent de la vie sédentaire que j'ai menée en ces derniers temps.

— Ah! vous êtes heureux.

Comme il ne répondait pas, elle continua :

— J'entends que vous êtes heureux de faire ce que vous voulez, d'aller où vous voulez, sans avoir à consulter personne. Savez-vous que depuis que je ne suis plus une toute petite fille, je n'ai pu faire un pas sans la permission de mon oncle, et il faut dire que presque toutes les fois que je lui ai demandé d'aller à gauche il m'a permis d'aller à droite.

Elle s'avança dans la chambre, et, prenant une chaise, elle s'assit.

— Je vous donne l'exemple, dit-elle, car je ne veux pas tenir sur ses jambes un homme qui a marché toute la journée.

Il s'assit alors près d'elle, assez intrigué par la tournure que prenait cet entretien bizarre.

— Quel but pensez-vous que j'aie eu en vous priant d'ouvrir cette porte? demanda-t-elle.

— Dame!... je n'en sais rien... à moins que ce ne soit pour causer un instant.

— Vous n'y êtes pas du tout : j'ai une prière à vous adresser.

— A moi?

— Et qui me rendra très heureuse si vous ne la repoussez point.

— Alors il est entendu d'avance que ce que vous souhaitez sera fait.

— Non, rien à l'avance: écoutez-moi d'abord, et puis, selon que ce que je vous demanderai vous plaira ou ne vous plaira point, vous me répondrez. Vous souvenez vous d'un mot que j'ai dit l'autre jour, à notre retour de notre promenade en voiture?

— A propos de quoi ce mot?

— A propos d'une excursion dans la montagne.

— Parfaitement.

— Eh bien! ce mot m'a valu une vive romontrance de mon oncle, et, quand je dis remontrance, c'est pour ne pas employer une expression plus forte. Cependant cela ne m'a pas fait renoncer à mon idée, et plus mon oncle m'a dit que j'avais commis une sottise et une inconvenance en manifestant le désir de vous accompagner dans une de vos excursions, plus ce désir a été ardent. Cet aveu va peut-être vous donner une assez mauvaise idée de mon caractère, mais au moins il vous prouvera que je suis franche. Et puis ce désir n'est-il pas bien justifiable, après tout? Je suis enfermée dans cet hôtel; ma mère est empêchée de sortir par sa maladie, mon oncle est retenu par son horreur de la fatigue et de la marche. Moi, qui ne suis pas malade et qui n'ai pas horreur de la marche, j'ai envie de voir ce qu'il y a derrière ces rochers qui se dressent du matin au soir devant mes yeux comme des points d'interrogation. N'est-ce pas tout naturel? Et voilà pourquoi je veux vous demander de vous accompagner quelquefois. Voilà ma prière. Enfin voilà comment j'ai été amenée à pousser ce verrou.

— Je vous ai dit que d'avance ce que vous souhaitiez serait fait, je ne puis que vous le répéter. Maintenant, quand vous plait-il que nous entreprenions cette promenade?

— Oh! ce n'est pas ainsi que les choses doivent se passer. Le grand grief de mon oncle, ça été que je venais me jeter à travers vos projets d'une façon importune et gênante. Si demain matin je lui dis que je pars avec vous pour cette promenade, il comprendra que son discours n'a pas été très efficace, et il le recommencera en l'accentuant. Le moyen d'échapper à ce nouveau discours, c'est que vous demandiez vous-même à mon oncle de me faire faire cette promenade ; comme cela, il ne pourra plus parler de mon importunité. Le voulez-vous ?

Il fut convenu que, le lendemain matin, le colonel adresserait sa demande au prince.

Carmelita, ordinairement impassible comme si elle était insensible à tout, se montra radieuse.

— Maintenant, dit-elle, je ne veux pas abuser plus longtemps de votre hospitalité. Bonsoir, voisin ; à demain.

Et, après lui avoir tendu la main, elle rentra dans sa chambre.

Mais presque aussitôt rouvrant la porte :

-- Comment ! dit-elle, vous n'avez pas tourné la clef?

— Mais...

— Mais il le faut, de même qu'il faut que je pousse le verrou pour mon oncle.

Le lendemain matin, il adressa au prince Mazzazoli sa demande ou plutôt la demande de Carmelita.

— C'est cette grande enfant, s'écria le prince, qui j'en suis certain, vous a tourmenté pour vous accompagner dans vos excursions ?

— Elle a manifesté le désir de parcourir la montagne, et je suis heureux de me mettre à sa disposition.

— Vous êtes heureux d'aller où bon vous semble, librement voilà qui est certain, et c'est bien assez que nous soyons venus vous chasser de votre appartement, sans encore vous prendre votre liberté. Excusez-la, je vous prie ; elle n'a pas pris garde à ce qu'elle vous demandait.

— Refusez-vous de me la confier ?

— Je refuse de vous ennuyer.

L'entretien ainsi engagé ne pouvait finir que par la défaite du prince.

Un quart d'heure après, Carmelita était prête à partir :

elle avait revêtu un costume bizarre : une robe courte, serrée à la taille par un ceinturon de cuir et modelant sa taille et ses épaules ; aux pieds, des souliers pris dans les guêtres ; sur la tête un petit chapeau de feutre, sans plumes, mais avec un voile gris flottant au vent ; à la main, une longue canne.

— M'acceptez-vous ainsi? dit-elle en posant sur lui ses grands yeux clairs. Je vous promets de vous suivre sans demander grâce, et de passer partout où vous passerez ; le pied est solide et je ne sais pas ce que que c'est que le vertige.

Ils partirent sans qu'il pensât à se demander comment, en un quart d'heure, elle avait pu improviser ce charmant costume de montagne, qui était un vrai chef-d'œuvre longuement médité par l'illustre Faugeroles, et sans qu'il se dit qu'il était assez étrange, alors qu'elle ne devait pas faire d'excursion, qu'elle eût dans ses bagages des objets aussi peu appropriés à une toilette ordinaire que des guêtres et une canne.

— Et où vous plaît-il que nous allions? demanda-t-il après avoir marché pendant quelques minutes près d'elle.

— Mais où vous voudrez, dans la montagne, droit devant nous. Quand vous viendrez, dans l'Apennin, si jamais vous nous faites le plaisir de nous visiter à Belmonte, je vous guiderai ; ici guidez-moi vous-même, car je ne connais rien. Tout ce que je désire, c'est aller le plus loin possible, le plus haut que nous pourrons monter.

Ils quittèrent bientôt le chemin pour prendre un sentier qui courait sur le flanc de la montagne en côtoyant le ravin et en coupant à travers des pâturages et des bois de sapins.

Personne dans ce sentier, personne dans les bois; sur les pentes des pâturages, quelques vaches qui paissaient l'herbe verte ou qui venaient boire à des auges creu sées dans le tronc d'un pin et qui, en marchant lentement, faisaient sonner leurs clochettes.

Ils avançaient, côte à côte, et quand le sentier devenait trop étroit pour deux, il prenait la tête, se retournant alors de temps en temps pour voir si elle le suivait.

Elle marchait dans ses pas, sur ses talons, et quand un filet d'eau rendait les pierres du sentier glissantes, il n'avait qu'à étendre le bras pour lui prendre la main et l'aider à sauter de caillou en caillou, ce qu'elle faisait d'ailleurs légèrement, sûrement, sans hésitation, en riant lorsqu'elle éclaboussait l'eau du bout de son bâton,

La journée était radieuse, et le soleil, qui s'était déjà élevé dans un beau ciel sans nuage, avait dissipé les vapeurs du matin, qui ne persistaient plus que dans quelques vallons abrités, où elles rampaient le long des rochers et des arbres comme des fumées légères.

Devant eux, la montagne se dressait comme une barrière de rochers pour former l'amphithéâtre de Jaman et des monts de Vevey; derrière eux, le lac brillait comme un immense miroir.

En marchant, ils devisaient du spectacle qu'ils avaient sous les yeux, et Carmelia comparait ces montagnes à celles au milieu desquelles s'était écoulée son enfance.

De là un inépuisable sujet de conversation.

Ils montèrent ainsi pendant près de deux heures sans qu'elle se plaignît de la fatigue ou demandât à se reposer.

Mais la matinée s'avançait et l'heure du déjeuner approchait.

Il avait emporté dans son sac du pain et de la viande froide, et il comptait sur une source qu'il connaissait pour leur donner de l'eau.

Bientôt ils arrivèrent à cette source, et pour la première fois ils s'assirent sur l'herbe.

— L'endroit vous déplaît-il?

— Bien au contraire, et choisi à souhait non seulement pour déjeuner, mais encore pour causer librement en toute sûreté. Et précisément j'ai à vous parler. C'est même dans ce but, si vous voulez bien me permettre cet aveu, que je vous ai proposé cette promenade.

Alors elle se mit à sourire.

— Je vous étonne, dit-elle.

— Je l'avoue.

— Vous avez donc cru que je voulais tout simplement faire une excursion dans ces montagnes?

— J'ai cru ce que vous me disiez.

— Ce que je vous disais était la vérité, mais ce n'était pas toute la vérité : oui, j'avais grande envie de faire cette excursion pour le plaisir qu'elle pouvait me donner; mais aussi j'avais grand désir de me ménager un tête-à-tête avec vous, dans lequel je pourrai vous adresser une demande pour moi très importante.

— Je vous écoute.

— Ah? maintenant rien ne presse, car je ne crains pas que notre tête-à-tête soit troublé ; déjeunons donc d'abord, ensuite je vous ferai mes confidences. N'écouterez-vous pas mieux? Pour moi, je parlerai plus facilement quand j'aurai apaisé mon appétit, car je meurs de faim.

Ouvrant son sac, il en tira les provisions et les ustensiles de table qu'il renfermait.

Ces provisions et ces ustensiles étaient des plus simples : du pain, un poulet froid et du sel; deux couteaux, deux verres et deux petites serviettes; dans une gourde recouverte d'osier, du vin blanc d'Yvorne,

Le couvert fut bien vite mis sur un quartier de rocher et ils s'assirent en face l'un de l'autre.

— Pour le plaisir que je me promettais, dit-elle, je suis servie à souhait.

Et, tout en mordant du bout des dents un os de poulet elle promena lentement les yeux autour d'elle.

Assurément il y a en Suisse beaucoup de montagnes plus célèbres que ces pentes des dents de Naye et de Jaman, cependant il en est peu où la vue puisse embrasser un panorama plus vaste, et surtout plus varié ! tout se trouve réuni, arrangé, disposé, composé, pour le plaisir des yeux : les eaux, les bois, les champs, les prairies, les villages et les villes. Au loin, se confondant dans le ciel, les pics sauvages des Alpes, couverts de neiges et qui, de quelque côté qu'on se tourne, vous entourent, et vous éblouissent; à ses pieds, au contraire, le spectacle de la vie civilisée : les toits des villages qui réfléchissent les rayons du soleil, les bateaux à vapeur qui tracent des sillons blancs sur les eaux bleues du lac, et, dans les vallées, la fumée des locomotives qui court et s'envole à travers les maisons et les arbres. Les bruits de la plaine et des vallées ne montent point jusqu'à ces hauteurs, et dans l'air tranquille on n'entend que les clochettes des vaches ou le chant des bergers qui fauchent l'herbe sur les pentes trop rapides pour les pieds des troupeaux.

— Quel malheur que ces bergers ne nous chantent pas le *Ranz des vaches* ! dit Carmelita en souriant.

Et elle se mit elle-même à chanter à pleine voix cet air, tel qu'il se trouve écrit dans *Guillaume Tell.*

— Comment trouvez-vous ma voix ! demanda-t-elle.

— Admirable.

— Ce n'est pas un compliment que je vous demande, mais une réponse sincère; vous comprendrez tout à l'heure l'importance de cette sincérité.

— Tout à l'heure ?

— Oui, quand je vous ferai mes confidences; mais le moment n'est pas encore venu, car ma faim n'est pas assouvie. J'accepte un nouveau morceau de poulet, si vous voulez bien me l'offrir.

Il se levait de temps en temps pour aller emplir leurs

verres au filet d'eau qui, par un conduit en bois, tombait dans le tronc d'un pin creusé en forme d'auge.

Bientôt il ne resta plus du poulet que les os, et la gourde se trouva vide.

Alors, à son tour, elle se leva et, s'éloignant de quelques pas, elle se mit à cueillir dans l'herbe des violettes bleues et jaunes, des anémones printanières, des saxifrages et d'autres fleurs alpines, dont elle forma une petite botte.

Puis, revenant vers le colonel, qui pendant ce temps avait refermé son sac, elle jeta toutes ces fleurs sur l'herbe et, s'asseyant, elle commença à les arranger en bouquet.

— Il faut que je commence par vous avouer, dit-elle, que j'ai pour vous une grande estime et que vous m'inspirez une entière confiance.

— Pourquoi ?

— Pourquoi ? Ce serait bien long à expliquer et difficile aussi. Je vous demande donc à affirmer seulement cette estime et cette confiance pour vous faire comprendre comment j'ai été amenée à vous prendre pour confident.

Le colonel eût voulu répondre ; mais, ne trouvant qu'une fadaise, il se contenta d'un signe de main pour dire qu'il écoutait.

— Vous savez, continua-t-elle, comment j'ai été élevée. Mon oncle a conçu le projet de me faire faire un grand mariage, et il a voulu me rendre digne des hautes destinées qu'il ambitionnait pour moi..., et aussi un peu pour lui, il faut bien le dire. Ai-je ou n'ai-je pas profité de ses leçons ? C'est une question que je n'ai pas à examiner, et sur laquelle je ne veux pas vous interroger ; car vous ne pourriez me répondre que poliment, et c'est à votre sincérité que je fais appel. Quoi qu'il en soit, le grand mariage désiré ne s'est pas fait, et les rêves de mon oncle ne se sont point réalisés. Je suis sans fortune, cela explique tout.

— Ne croyez pas que tous les hommes ne recherchent que la fortune dans la femme qu'ils épousent.

— Je ne crois rien; je constate que je ne suis pas mariée, et je l'explique par une raison qui me paraît bonne. Cependant j'avoue volontiers qu'elle n'est pas la seule. Pour que ces grands mariages réussissent, pour qu'une jeune fille qui n'a rien que quelques avantages personnels se marie, il faut, n'est-ce pas, que cette jeune fille travaille elle-même habilement à ce mariage, qu'elle trouve elle-même son mari, et qu'avec plus ou moins d'adresse, de diplomatie, de rouerie, de coquetterie, de persévérance, elle oblige elle-même ce mari à l'épouser. C'est au moins ainsi que se sont accomplis les beaux mariages qui ont servi d'exemples à mon oncle, et lui ont mis en tête l'idée de me donner pour mari un prince ou un empereur. Il avait eu d'illustres exemples sous les yeux et il avait cru que je pourrais les suivre. Par malheur pour le succès de son plan, je n'ai pas voulu, dans cette comédie du mariage, accepter mon rôle tel qu'il me l'avait dessiné. Il était très important, ce rôle, très brillant et assurément intéressant à jouer; je l'ai transformé en un rôle muet.

Elle s'arrêta et, le regardant:

— Est-ce vrai? demanda-t-elle.

— Très vrai.

— Mais ce rôle, je n'ai pu l'accepter que par une sorte d'obéissance, sans réflexion pour ainsi dire, sans avoir conscience de ce que je faisais. Mon oncle me demandait de le remplir, je le remplissais en l'appropriant à ma nature; j'obéissais à son ordre, et par cette soumission il me semblait que je m'acquittais de la reconnaissance que je lui devais. Il faut remarquer, si vous ne l'avez déjà fait, que je ne suis précoce en rien: mon esprit, mon intelligence, ne se sont ouverts que tardivement, peu à peu, si tant est qu'ils se soient ouverts. Je suis donc restée assez longtemps sans comprendre ce rôle, et surtout sans voir le résultat auquel j'arriverais, si je réussissais dans son dénoûment: c'est-à-dire à un mariage peut-être riche ou puissant, mais à coup sûr malheureux; car, à vos yeux, n'est-ce pas, comme aux miens, un mariage sans amour ne peut être que malheureux?

— Assurément.

— Je comptais sur votre réponse. Quand j'ai compris où je marchais, ou plutôt quand je l'ai senti, car je l'ai senti avant de le comprendre, — disant cela, elle posa la main sur son cœur, — j'ai résolu de ne pas aller plus loin et de m'arrêter. Jamais position n'a été plus délicate que la mienne: je devais beaucoup à mon oncle, et, d'un autre côté, je me devais à moi-même de ne pas poursuivre des projets de mariage qui ne pouvaient faire que mon malheur, ainsi que celui du mari que j'épouserais. Comment sortir de cette difficulté? J'y réfléchis longtemps. Mais, si difficile que soit une position, on trouve toujours moyen d'en sortir lorsqu'on le veut fermement.

Il écoutait, se demandant où allait aboutir cette étrange confidence et surtout pourquoi elle la lui faisait.

Elle continua:

— Vous savez qu'en ces derniers temps, j'ai beaucoup travaillé la musique et que j'ai pris des leçons de chant. « Si je n'avais pas dû être une grande dame, j'aurais été une grande artiste », me disait chaque jour mon professeur. Eh bien! grande dame, je ne la serai point; au contraire, je serai artiste. Dans quelques jours, je partirai d'ici, seule, pour l'Italie, et, sous un faux nom, je débuterai au théâtre.

— Vous?

— Oui, moi. Voilà pourquoi j'ai voulu vous faire cette confidence. C'est pour vous prier d'être, au moment de mon départ, auprès de mon oncle et de ma mère, pour leur adoucir le coup que je leur porterai. J'ai cru que personne mieux que vous ne pouvait remplir cette mission, et c'est le service que je vous demande. Vous ne me le refuserez point, n'est-ce pas?

— Comédienne!

— Je vois que je vous surprends, dit-elle en le regardant. Et pourquoi? Que voulez-vous que je fasse? Quelle position ai-je dans le monde? Je suis d'une noble famille, cela est vrai; mon oncle est prince, cela est vrai encore. Mais après? Ma famille est ruinée, et mon oncle est sans fortune; voilà qui est non moins vrai. Dans cette situation, quelle espérance m'est permise?

— Mais celle qu'a eue le prince, celle qu'il a toujours, et qui me paraît, — laissez-moi le dire, sans mettre aucune galanterie dans mes paroles, — tout à fait légitime et parfaitement fondée.

— Vous voulez dire celle d'un mariage, d'un grand, d'un beau mariage?

— Sans doute, qui plus que vous fut jamais digne de ce mariage?

— Quoi qu'il en soit, dit-elle en continuant le développement de son idée, ce mariage, ce beau mariage, ne s'est pas réalisé jusqu'à présent.

— Pouvez-vous croire qu'il ne se réalisera pas un jour ou l'autre? est-ce à votre âge qu'il est permis de désespérer?

— Où est-il ce mari? Depuis un an, nous avons vécu dans le même monde, l'un près de l'autre, de la même vie pour ainsi dire. Où l'avez-vous vu ce mari? Nulle part, n'est-ce pas? Il ne s'est pas présenté.

— De ce qu'il ne s'est pas présenté jusqu'à présent, s'ensuit-il qu'il ne doive pas se présenter un jour?

— Assurément, je crois qu'il ne se présentera pas: mais je vais plus loin et j'affirme qu'il ne devait pas se présenter. C'était à moi de l'aller chercher. Ce que je n'ai pas fait, alors que je ne me rendais pas bien compte de ma position, je le ferai encore bien moins maintenant, que je sais ce qu'elle est et que je raisonne. Je vous l'ai dit et je vous le répète, je veux mon indépendance; je veux celle de la vie; je veux aussi, je veux surtout celle du cœur. Si je me marie jamais, je veux choisir mon mari, non parce qu'il a un grand nom ou une grande position, mais parce qu'il m'aime et que je l'aime. Cela, je l'espère, ne vous paraît pas trop romanesque; je vous assure que je ne suis pas romanesque.

— Mais je n'ai jamais pensé qu'on devait s'excuser d'être romanesque; trop peu de gens, hélas! mettent le sentiment dans leur existence.

— C'est précisément cela que je veux: mettre le sentiment au-dessus des intérêts, et non les intérêts au-dessus du sentiment. Voilà pourquoi je tiens à être libre, Je sais que l'on me reprochera mon coup de tête. Comédienne! quelle bassesse! Appartenir à l'une des premières familles de l'Italie et se faire chanteuse, quelle folie! Et cependant j'ai une excuse. Puisque je suis destinée à jouer la comédie en ce monde, j'aime mieux la jouer au théâtre que dans la vie. Le rôle qu'on veut m'imposer et que je devrais accepter pour réussir me pèse et m'humilie, de sorte que je le joue aussi mal que possible et que je ne réussirai jamais; tandis que celui que je veux prendre n'a rien qui m'effraye.

— Cependant...

— Oui, vous avez raison, ce que je dis là est inexact. Il y a une chose qui m'effraye et beaucoup, c'est de quitter mon oncle et ma mère.

Elle parut très émue et s'arrêta un moment.

— C'est cette considération qui pendant longtemps m'a arrêtée, dit-elle en reprenant. J'ai hésité, j'ai été d'une résolution à une autre, décidée un jour à partir, le lendemain à rester près d'eux et à laisser les choses aller sans m'en mêler: car je sens, croyez-le bien, le chagrin que je vais leur causer. Pour ma pauvre mère, cette séparation sera terrible; pour mon oncle, elle ne le sera pas moins, puisqu'elle sera l'anéantissement de projets auxquels depuis sept années il a tout sacrifié : son temps, sa peine, sa fortune, ses plaisirs. On ne sait pas, on ne saura jamais ce qu'ont été les soins de mon oncle; songez que ce qu'il ne savait pas, il a eu le courage, à son âge, de l'apprendre pour me l'enseigner. Et quel courage non moins admirable dans cet enseignement donné à une fille telle que moi! Certes, bien des fois ses leçons m'ont été pénibles et cruelles, mais je sens maintenant qu'elles n'ont pas pu l'être moins pour lui que pour moi.

De nouveau elle fit une pause pour se remettre.

— Et voilà de quelle récompense je vais le payer. Ah! cela est affreux. Qu'il sache au moins que je ne me sépare pas de lui, le cœur léger, par un coup de tête, sans ressentir les angoisses de cette séparation et sans compatir à son chagrin. Voilà le service que je réclame de vous, et voilà pourquoi j'ai tenu si vivement à nous ménager cette promenade, qui devait me permettre de m'expliquer librement et de bien vous dire tout ce que je désire qui soit répété à mon oncle, ainsi qu'à ma mère. Je ne veux pas qu'ils m'accusent injustement et je remets ma cause entre vos mains : voulez-vous la plaider non seulement pour moi, de façon qu'ils ne me condamnent pas, mais encore pour eux, de façon à adoucir leur douleur?

— J'aurais bien des choses à vous opposer, mais les raisons par lesquelles je vous combattrais, vous vous les êtes données vous-même, j'en suis sûr. Je suis à vous.

Elle lui prit la main et la serra en le regardant.

Puis tout à coup, s'arrachant à l'émotion qui l'oppressait :

— Vous plaît-il que nous nous remettions en route? dit-elle. En avant! et ne pensons plus qu'au plaisir de la promenade.

IV

Eh quoi! c'était là Carmelita!

Quelle différence entre la réalité et ce qu'il savait ou plutôt ce qu'il croyait savoir d'elle!

Que de fois lui avait-on répété le mot de la fable : « Belle tête, mais point de cervelle! »

Assurément ceux qui parlaient ainsi ne la connaissaient point, ou bien c'était la jalousie et l'envie qui les inspiraient.

Non seulement il y avait quelque chose dans cette cervelle, mais encore il y avait de nobles sentiments dans ce cœur.

Si l'on s'était trompé sur son intelligence, ne pouvait-on pas aussi s'être trompé de même sur son caractère?

Pour lui, qui venait d'éprouver combien cette intelligence était différente de ce qu'il avait cru tout d'abord et de ce qu'on lui avait dit, il était tout porté à ne pas admettre un jugement plus que l'autre.

En raisonnant ainsi, il marchait derrière Carmelita, et, depuis qu'ils avaient quitté la place où ils avaient déjeuné, il ne lui avait pas adressé d'autres paroles que quelques mots insignifiants pour la guider.

Tout à coup il la rejoignit et lui prenant la main il la posa sur son bras.

Ce mouvement s'était fait si vite et d'une façon si brusque, si imprévue, qu'elle s'arrêta et le regarda avec stupéfaction.

— Le chemin devient difficile, vous pourriez glisser. Appuyez-vous sur moi.

Elle fit ce qu'il demandait et doucement elle se serra

contre lui, mais sans bien comprendre à quel sentiment il avait obéi.

Bien entendu, il ne lui donna pas d'explications, car il était assez difficile de dire que quelques instants auparavant, il était en défiance contre elle, tandis que maintenant il était rassuré.

Artiste, elle ne lui inspirait que de la sympathie.

Jeune fille à marier, elle lui faisait peur.

Désormais il pouvait, pendant le temps qu'elle passerait au Glion, vivre librement près d'elle.

Il n'avait plus besoin d'abréger son séjour en Suisse.

Pendant tout le reste de la journée et tant que dura leur promenade, c'est-à-dire jusqu'au soir, Carmelita fut frappée du changement qui s'était fait en lui, dans son humeur, dans ses manières, comme dans ses paroles.

Jamais elle ne l'avait vu si aimable, en prenant ce mot dans le bon sens.

Il parlait de toutes choses, au hasard, librement, sans éviter certains sujets et sans réticences.

Lorsque leurs regards se croisaient, il ne détournait point la tête, mais il restait les yeux levés sur elle.

En tout il la traitait comme une amie, comme une camarade.

Ce fut seulement quand la nuit commença à monter le long des montagnes qu'ils pensèrent à rentrer. Peu à peu ils s'étaient rapprochés de l'hôtel; mais sans souci de l'heure du dîner, ils étaient restés assis dans un bois de sapins, causant, devisant, jouissant à deux du spectacle du soleil couchant.

Jusque-là il y avait un mot qui s'était présenté plusieurs fois sur ses lèvres et qu'il avait toujours retenu, mais qu'il se décida alors à risquer.

Comme l'ombre avait commencé à brouiller les choses et à rendre le sentier qu'ils suivaient incertain, il lui avait de nouveau pris la main, et de nouveau elle avait marché près de lui en s'appuyant sur son bras.

— Et quand voulez-vous mettre votre projet à exécution ? demanda-t-il.

— Je ne sais trop. Tout est bien arrêté dans mon esprit, la date seule de mon départ n'est point fixée; car vous pensez bien que je n'ai pas d'engagement signé qui me réclame, et puis la saison n'est pas bonne pour les théâtres, qui, la plupart, sont fermés. Enfin il m'en coûte de me dire : Tel jour, à telle heure, je ne verrai plus ma mère ni mon oncle.

A ce mot, elle s'arrêta, la voix troublée par l'émotion. Et il la sentit frémissante contre lui.

Mais bientôt elle reprit :

— Je balancerai peut-être assez longtemps encore ce départ; en tout cas, il aura lieu certainement avant celui de mon oncle. Quand je verrai ma mère rétablie, — car j'espère qu'ici elle va se rétablir promptement, — quand on parlera de rentrer à Paris, alors je partirai, et bien entendu, on ne rentrera pas à Paris. C'était pour moi, pour mon mariage, que mon oncle et ma mère habitaient Paris; quand ils n'auront plus le souci de ce mariage, ils retourneront à Belmonte, et j'aurai la satisfaction de penser que ma fuite a, de ce côté, ce bon résultat encore d'assurer la santé de ma mère. Seulement, pour que tout cela s'arrange dans la réalité, comme je le dispose en imagination, il faut que vous soyez au Glion vous-même, au moment où je me séparerai de mes parents. En me demandant quand je partirai, vous devez donc commencer par me dire, quand vous comptez partir vous-même.

— Mais je n'en sais rien.

— Alors je ne sais moi-même qu'une chose, c'est que mon départ précédera le vôtre de quelques jours. Prévenez-moi donc quand vous serez prêt.

— Et d'ici là ?

— Quoi ! d'ici là ?

— Je veux dire : ne continuerons-nous pas ces promenades commencées aujourd'hui ?

— Oh ! avec bonheur ; avec bonheur pour moi, je veux dire. Seulement ne vont-elles pas vous ennuyer ? Je vous ai demandé déjà un assez grand service pour ne pas abuser de vous. Mon oncle prétend que vous aimez la solitude ; est-ce vrai ?

— Cela dépend.

— De quoi ?

— Du moment, et surtout de ceux qui rompent cette solitude. Il y a des heures où j'aime mieux être avec moi-même qu'avec certaines personnes, et il y en a d'autres où j'aime mieux être avec certaines personnes que seul avec moi-même.

— Alors nous sommes dans une de ces heures !

— Vous êtes de celles qui...

— Comment ! s'écria-t-elle en riant, vous me feriez un compliment, vous ?

Ils arrivaient à l'hôtel.

— Vous plaît-il que demain nous fassions l'ascension de la dent de Naye ? dit-il.

— Mais volontiers, puisque je suis une de ces personnes qui... et que nous sommes dans une de ces heures où...

— Alors à demain.

— C'est entendu, seulement demandez-moi à mon oncle.

Quand le prince Mazzazoli entendit parler de cette nouvelle promenade, il poussa les hauts cris et s'indigna contre sa nièce.

— Mais cette enfant est l'indiscrétion même ; je vous en prie, mon cher ami, ne cédez pas à ses caprices.

Puis tout à coup s'interrompant :

— Quand quittez vous le Glion?

— Mais je ne sais trop.

— Alors je refuse mon consentement à cette promenade je ne veux pas que ma nièce vous gâte vos derniers jours passés au Glion et arrive ainsi à abréger votre séjour, ce qu'elle ferait assurément.

La discussion continua; mais, comme la première fois, le prince finit par se rendre aux raisons du colonel ou plutôt par céder à ses instances.

La promenade du lendemain eut lieu.

Puis après celle-là ils en firent une troisième, après cette troisième, une quatrième, une cinquième, et il devint de règle que chaque jour ils sortaient tous deux pour aller faire une excursion dans la montagne tantôt avant le déjeuner, tantôt après.

Il n'y avait plus de discussion à engager, une convention tacite s'était établie à ce sujet entre le prince et le colonel, et s'ils parlaient de ces promenades, c'était au retour et non au départ.

Jamais le prince ne proposa de les accompagner; les ascensions, ainsi qu'il l'avait dit, étaient impossibles pour lui.

Lorsqu'ils rentraient maintenant le soir à l'hôtel revenant de leur excursion, ils ne se suivaient point, marchant l'un derrière l'autre, dans l'étroit sentier; elle s'appuyait sur le bras du colonel, et, la tête légèrement inclinée vers lui, serrée contre lui, elle semblait écouter avec plaisir ou même avec bonheur ce qu'il lui disait. Elle-même parlait peu, mais souvent elle relevait la tête, et, sans avoir souci des pierres ou des trous de la route, elle restait les yeux fixés sur lui, comme si elle était suspendue à ses lèvres.

Il avait plaisir à l'emmener avec lui dans ses promenades, elle était une distraction; elle l'empêchait de retourner par l'esprit à Paris et de penser à celle qui l'avait trompé. Si malgré tout un souvenir lui revenait et s'imposait à lui, il n'en était plus obsédé pendant toute la journée, sans pouvoir le chasser de devant ses yeux et l'arracher de son cœur; elle lui adressait la parole, elle le regardait, elle lui tendait la main pour lui demander son appui, et le souvenir s'envolait.

Et c'était à elle qu'il pensait maintenant plus souvent, non pas que de parti pris il allât la chercher, mais l'impression immédiate la lui imposait. A vivre du matin au soir ensemble, une sorte d'accoutumance matérielle s'était établie, et, lorsqu'il s'éloignait d'elle un moment, il la voyait encore, comme si son image était empreinte dans ses yeux; de même qu'il entendait sa voix, comme si quelques-unes de ses paroles lui étaient répétées par un écho intérieur longtemps après qu'il les avait reçues.

Combien différente était-elle de ce qu'il l'avait jugée tout d'abord!

C'était le mot qu'il se répétait sans cesse, et qui, à son insu, sans qu'il en eût bien conscience, le ramenait à elle.

L'aimer, l'aimer d'amour? Jamais cette idée n'avait effleuré son esprit. Elle était pour lui une amie, une camarade, rien de plus; une admirable créature, une belle statue, voilà tout.

Cependant leurs promenades continuaient, longues ou courtes, selon les hasards de la journée, et Carmelita parlait souvent de son prochain départ, mais pourtant sans partir : ce séjour au Glion faisait tant de bien à sa mère, et, puisque le colonel ne partait pas lui-même, elle n'avait pas besoin de se presser.

Un matin, qu'ils s'étaient mis en route de bonne heure, ils avaient été surpris de la transparence et de la pureté de l'air, qui étaient si grandes qu'on apercevait des montagnes situées à une distance de dix ou douze lieues, comme si elles eussent été à quelques kilomètres seulement.

Comme ils regardaient ce spectacle, un montagnard, passant près d'eux, les salua et entrant en conversation avec eux, leur dit que cette pureté de l'air annonçait un orage prochain.

— Et pour quel moment cet orage? demanda Carmelita.

— Oh! cela, je ne peux pas le dire; mais sûrement aussitôt que le vent se sera établi au sud-ouest.

— Est-ce que vous voulez que nous retournions à l'hôtel? demanda le colonel lorsque le paysan se fut éloigné, marchant devant eux de son grand pas, lent, mais régulier.

— Pourquoi retourner?

— Mais de crainte de l'orage.

— J'avoue que j'ai peur de l'orage, mais d'un autre côté j'ai envie aussi de voir un orage dans ces montagnes, de sorte que quand même je serais certaine que le tonnerre dût éclater avant une heure, je crois que je continuerais notre promenade.

— Alors continuons-la quand même puisque nous ne sommes certains de rien; nous verrons bien.

— C'est cela, nous verrons bien.

Après avoir rencontré le paysan qui leur avait prédit la prochaine arrivée d'un orage, ils avaient continué de gravir lentement le sentier, qui, à travers des prairies et des bois, courait en des détours capricieux sur le flanc de la montagne.

A vrai dire, rien, pour des personnes qui n'étaient pas du pays, n'annonçait que cet orage fût prochain.

— Je crois que ce paysan a voulu nous faire peur, dit Carmelita.

— Et pourquoi?

— Pour rien, pour s'amuser, pour le plaisir de nous faire retourner sur nos pas et de nous voir pris de panique. Cependant il me semble que nous ne sommes pas dans des conditions atmosphériques ordinaires. Il est vrai que j'ai des raisons pour respirer difficilement aujourd'hui.

— Mais si vous êtes souffrante il faut rentrer.

— Souffrante, je ne le suis point vraiment; je suis oppressée, voilà tout.

Il s'arrêta pour la regarder, et il vit qu'en effet elle paraissait sous le poids d'une émotion assez vive ou tout au moins d'un trouble.

— Vous avez envie de me questionner? dit-elle.

— Il est vrai.

— Pourquoi ne le faites-vous pas franchement? Je n'ai rien à vous cacher, et je puis très bien vous dire ce qui me cause cette oppression : ce n'est point une souffrance physique, c'est un tourment moral. N'êtes-vous pas mon confident? Hier j'ai reçu une lettre de mon maître de chant, dans laquelle il me dit qu'il m'a trouvé un engagement en Italie, et que je dois me hâter de partir, sinon pour débuter, au moins pour me mettre à la disposition de mon directeur. Je n'ai donc plus que quelques jours à passer ici, et j'avoue qu'au moment de prendre cette grave détermination, je suis émue, très émue. Il m'en coûte, il m'en coûte beaucoup de me séparer de ma mère, d'abandonner mon oncle, et, je dois le dire aussi, pour être sincère, il m'en coûte de renoncer à cette vie tranquille, heureuse que je menais ici, pour me jeter dans l'inconnu.

— Et pourquoi renoncez-vous à cette vie tranquille?

— Puis-je faire autrement et pensez-vous que je sois revenue sur ma résolution? Elle est aujourd'hui ce qu'elle était au moment où je vous l'ai fait connaître; seulement, prête à la mettre à exécution, je la trouve plus cruelle plus pénible que lorsque j'avais quelques jours devant moi, qui semblaient devoir se prolonger jusqu'à une époque indéterminée. Maintenant cette époque est fixée; ce ne sont plus quelques jours que j'ai devant moi, c'est seulement quelques heures.

— Quelques heures?

— Demain j'aurai quitté le Glion; après demain je serai en Italie.

— Vous partez demain?

— Cette promenade est la dernière que nous ferons ensemble... au moins dans ce pays, dont je garderai un si bon, un si doux souvenir.

Disant cela, elle se retourna et promena lentement ses regards sur la plaine et sur le lac qui derrière eux s'étendait à leurs pieds.

Une larme semblait rouler dans ses paupières et mouiller ses yeux, qui brillaient d'un éclat extraordinaire.

— Voilà la maison où j'ai passé les meilleurs jours de ma vie, dit-elle en montrant le toit de l'hôtel, qu'on apercevait tout au loin, confusément, au milieu de la verdure.

Puis se tournant de nouveau et regardant du côté de la montagne :

— Voilà la fontaine où nous avons déjeuné, dit-elle en levant la main, et où vous avez si patiemment écouté mes plaintes.

Alors, secouant la tête comme pour chasser une pensée opportune :

— Vous plaît-il que nous déjeunions là encore aujourd'hui, dit-elle, pour la dernière fois?

— Je vous conduisais à cette fontaine.

— C'est cela, allons-y, et vienne l'orage pour que la journée soit complète.

Ils continuèrent de gravir le sentier qu'ils suivaient, marchant lentement tous deux, silencieux et recueillis.

Carmelita paraissait sous le poids d'une vive et pénible émotion.

Lui-même, comme il l'avait dit, se sentait l'esprit moins libre, le corps moins dispos que de coutume.

A mesure que la matinée s'écoulait, le temps devenait de plus en plus lourd.

Pas un souffle de vent, le feuillage des hêtres immobile, sans un bruissement; pas d'autre bruit que celui de l'eau des sources qui s'écoulait en clapotant sur les cailloux qui barraient son passage; au loin, quelques faibles tintements des clochettes des vaches.

Cependant, rien, si ce n'est cette pesanteur de l'air n'annonçait qu'un orage fût prochain; le ciel était bleu, sans nuages, et le soleil dardait ses rayons avec une intensité peu ordinaire.

Ils arrivèrent enfin à la fontaine, où Carmelita avait appris au colonel qu'elle était décidée à abandonner sa mère et son oncle pour entrer au théâtre.

Ils s'assirent sur les pierres où ils s'étaient assis le jour de cette confidence, et, de temps en temps seulement, le colonel se leva pour aller chercher l'eau qu'ils mêlaient à leur vin.

Mais leur entretien fut moins libre, moins facile; il semblait que Carmelita fût embarrassée de parler, ou tout au moins qu'elle eût peur d'aborder certains sujets, et souvent elle garda le silence, s'enfermant dans ce mutisme qui autrefois lui était habituel.

Cependant, lorsqu'elle se taisait ainsi, elle ne détournait point ses yeux : au contraire, elle les tenait attachés sur le colonel, et lorsque celui-ci levait la tête, il la voyait muette, immobile, le regardant avec cette puissance de fascination énigmatique, si bizarre chez elle, avec ce sourire étrange des lèvres et des yeux, si attrayants, si séduisants, si inquiétant.

Pendant leur déjeuner, la chaleur était devenue plus

pesante, quelques nuages se montraient çà là dans le ciel, et, de temps en temps, soufflait un vent chaud qui arrivait du sud.

Puis cette rafale passée, tout rentrait dans le calme et le silence.

En traversant un bois de sapins, ils furent suffoqués par la chaleur; l'air qu'ils respiraient leur brûlait la gorge, leurs lèvres se séchaient; les aiguilles tombées sur la terre, qu'elle feutrait d'un épais tapis, étaient glissantes au point que, deux fois, Carmelita faillit tomber.

Alors il s'approcha d'elle et, lui prenant le bras, il le mit sous le sien. Elle s'appuya sur lui, et ils marchèrent d'un même pas, sans que leurs pieds fissent de bruit sur ce tapis moelleux. Lorsqu'ils sortirent de ce bois de sapins dont les hautes branches, formant un couvert épais et sombre au-dessus de leurs têtes, leur avaient caché le ciel, ils virent que de gros nuages noirs arrivaient rapidement du côté du sud.

Presqu'aussitôt une rafale s'abattait sur la montagne avec un bruit sourd; tout ce qui était immobile et mort s'anima et entra en mouvement; les feuilles arrachées des branches passèrent dans l'air, emportées par le vent.

Au loin on entendit les roulements sourds du tonnerre. Et dans la montagne, à des distances plus ou moins rapprochées de l'endroit où ils se trouvaient, éclatèrent des sonneries de cloches se mêlant à des mugissements de vache et des cris de berger.

Regardant autour d'eux, ils aperçurent sur les pentes des pâturages inclinés de leur côté, des vaches qui couraient çà et là, la queue dressée, la tête basse, galopant sans savoir où elles allaient.

— Enfin voici l'orage, dit Carmelita.

— Et trop tôt pour nous, je le crains bien : aurons-nous le temps de gagner la hutte?

—Pressons le pas.

— Appuyez-vous sur mon bras.

— Ne craignez rien, je vous suivrai; marchez aussi vite que vous voudrez.

Il allongea le pas et elle l'allongea également.

Mais, à marcher ainsi côte à côte, dans ce sentier assez mal tracé, il y avait des difficultés; souvent ils étaient obligés de s'éloigner l'un de l'autre pour éviter les quartiers de roche qui barraient le chemin; d'autres fois, au contraire, ils devaient se rapprocher, et alors ils s'arrêtaient forcément durant quelques secondes.

— Voulez-vous que j'abandonne votre bras? dit Carmelita; je crois que nous marcherons plus vite séparément.

— Si vous voulez.

— Vous prenez trop souci de moi.

Il était évident que s'ils ne voulaient pas être surpris par l'orage, dans ce sentier au milieu des prés où il n'y avait pas un abri, pas un creux de rocher, pas un chalet, pas une hutte, ils devaient se hâter.

Les nuages noirs qui venaient du sud avaient envahi tout le ciel, et caché le soleil quelques instants auparavant si radieux.

Maintenant c'était des sommets neigeux que venait la lumière, une lumière blafarde; du ciel, au contraire, tombait l'obscurité que des éclairs déchiraient de temps en temps pour jeter sur la terre des lueurs fulgurantes.

Lorsque subitement un des ces éclairs éclatait sur les pentes herbées de la montagne, on voyait des vaches bondir, affolées, au milieu des rochers, et le bruit grêle de leurs clochettes, succédant aux roulements du tonnerre, produisait un effet étrange et fantastique.

D'autres vaches, au contraire, réunies auprès de leur berger et formant cercle autour de lui, tandis qu'il allait de l'une à l'autre pour les flatter, restaient immobiles, rassurées, montrant ainsi toute leur confiance dans la protection imaginaire qu'elles trouvaient auprès de leur maître.

Répercutées, répétées, renvoyées par les parois des montagnes contre lesquelles elles venaient éclater, les détonations du tonnerre produisaient un vacarme assourdissant : ce n'étaient pas quelques coups roulant l'un après l'autre, c'étaient des éclats répétés, qui semblaient se heurter, pour aller se perdre dans les profondeurs des vallées ou bien pour remonter des vallées au ciel, comme s'ils ne trouvaient pas un espace libre pour se répandre en vagues sonores.

Alors, dans leur sentier où ils se hâtaient, ils étaient secoués par ces vagues qui les enveloppaient et tourbillonnaient autour d'eux.

Pour lui, il restait assez calme au milieu de ce bouleversement; mais, à chaque coup de tonnerre, Carmelita baissait la tête et levait les épaules.

— Je suis servie à souhait, dit-elle dans un intervalle de silence, et peut-être trop bien servie.

— Vous avez peur ?

— Dame... oui.

— Nous approchons de la hutte.

— Combien de temps encore ?

— Cinq minutes en marchant vite.

Un éclat de tonnerre lui coupa la parole; en même temps une nappe de feu les enveloppa et les éblouit.

Instinctivement Carmelita s'était rapprochée du colonel. Elle lui tendit la main.

— Voulez-vous me conduire ? Je n'y vois plus.

Il prit cette main dans la sienne, et une sensation brûlante courut dans ses veines, de la tête aux pieds, des pieds à la tête.

Ils se remirent en marche, lui le premier, elle venant ensuite, se laissant mener docilement comme une enfant. Il fallait se hâter, car les rafales se succédaient presque sans interruption, et la pluie ou la grêle allait fondre sur eux d'une minute à l'autre.

Quand un coup de tonnerre éclatait, le colonel sentait la main de Carmélita serrer la sienne ; puis, après cette pression, il sentait ses frémissements.

Sans les éclairs qui les éblouissaient et qui faisaient danser le sentier devant leurs yeux, ils auraient pu marcher plus vite; mais il y avait des moments où ils devaient s'arrêter, ne sachant où mettre le pied, n'ayant plus devant eux que des nappes de feu ou des trous noirs.

Alors les doigts de Carmelita, agités par des contractions électriques, se crispaient dans sa main.

Le vent les frappait dans le dos et les poussait en avant. Tout à coup ils sentirent quelques gouttes tièdes leur piquer le cou : c'était la pluie qui arrivait.

— Heureusement voici la hutte, dit-il.

Son bras étendu en avant, il désigna une masse sombre, qu'un éclair presque aussitôt vint illuminer. Encore une centaine de mètres et ils trouvaient un abri. Lui serrant la main, il l'entraîna rapidement.

La rafale qui avait apporté ces quelques gouttes de pluie passa, et il y eut une sorte d'accalmie.

Cette hutte était une sorte de construction en pierres sèches, recouverte d'un toit en planches chargées de quartiers de rocher pour les maintenir en place et faire résistance au vent. Ce n'était point un chalet, habité pendant la saison où les vaches fréquentent la montagne ; c'était une simple grange, dans laquelle on abritait le foin que les vachers allaient couper à la faux sur les pentes trop rapides pour être pâturées par leurs bestiaux. Point de porte à cette grange, point de fenêtre; une seule ouverture, qui n'était fermée par aucune clôture.

Ils n'eurent donc pas l'embarras de chercher comment entrer en arrivant devant cette grange, l'ouverture donnait sur le sentier; ils se jetèrent à l'abri.

Il était temps : la pluie commençait à tomber en grosses gouttes larges et serrées, bientôt ce fut une véritable cataracte qui fondit sur le toit de la grange; mais ils n'avaient plus rien à craindre de l'eau, ils pouvaient respirer.

Il est vrai que ce n'était pas de la pluie que Carmelita avait peur, c'était du feu, c'est-à-dire du tonnerre; et l'orage précisément venait de se déchaîner en plein sur eux.

Jusque-là ils n'avaient eu affaire qu'à l'avant-garde des nuages, maintenant c'était le centre de la tempête qui les enveloppait.

Se heurtant contre la montagne, qui s'opposait à leur libre passage, les nuages s'étaient divisés; tandis que les uns s'envolaient par-dessus les sommets, les autres s'étaient abattus dans les vallées. De sorte que, dans leur hutte, ils étaient véritablement au milieu de l'orage; tantôt les détonations éclataient au-dessus de leur tête et semblaient devoir écraser leur toit, tantôt au contraire elles éclataient au-dessous d'eux et semblaient soulever les planches qui les abritaient.

Les nappes de feu se succédaient sans interruption, éblouissantes, aveuglantes, comme s'ils avaient été en plein dans les flammes du ciel.

Tout d'abord Carmelita avait voulu rester à l'entrée de la grange pour jouir du spectacle splendide des éclairs embrassant les montagnes; mais bientôt elle avait abandonné cette place, plus peureuse que curieuse, pour aller s'asseoir sur le foin, et se cacher la tête entre ses mains.

Pour le colonel, il s'était appuyé contre le mur, et il regardait les éclairs ne fermant les yeux que lorsque leur clarté trop vive l'éblouissait.

Dans un court intervalle de silence, il entendit Carmelita l'appeler.

Il s'approcha d'elle.

— Je suis comme ces pauvres bêtes que nous regardions tout à l'heure et que la voix de leur maître rassurait; il me semble que si vous me parliez, j'aurais moins peur, car, je l'avoue, j'ai très peur.

Il s'assit près d'elle sur le foin parfumé, et voulut la rassurer par quelques mots plus ou moins raisonnables.

Mais une détonation formidable lui coupa la parole : la grange, secouée du haut en bas, semblait prête à s'écrouler; des lueurs fulgurantes couraient partout, comme si les planches et le foin venaient de s'allumer.

Elle jeta brusquement ses deux bras autour des épaules du colonel, et, frémissante, éperdue, elle se serra contre lui.

Il se pencha vers elle.

Mais dans ce mouvement leurs bouches se rencontrèrent et leurs lèvres s'unirent dans un baiser.

V

Huit jours s'étaient écoulés depuis l'orage qui avait ravagé les bords du Léman, et le colonel Chamberlain avait disparu, sans que personne sût au Glion ce qu'il était devenu.

Le soir même de cet orage, il était rentré à l'hôtel avec mademoiselle Belmonte, et le lendemain matin, au petit jour, un garçon, en faisant les chaussures, l'avait vu sortir.

Contrairement à son habitude, le colonel n'avait pas pris le chemin de la montagne; mais, tournant à gauche, il avait suivi la route qui descend à Montreux.

Cette disparition avait provoqué, bien entendu, de nombreux commentaires.

— Comment! le colonel Chamberlain avait quitté

l'hôtel, et son valet de chambre lui-même n'avait pas été averti de ce départ?

Mais, à côté des commentaires des indifférents et des curieux, s'était manifestée l'inquiétude des intéressés. Le prince Mazzazoli, Carmelita, la comtesse Belmonte avaient à tour de rôle, interrogé Horace en le pressant de questions.

— Où était le colonel?

— Quand devait-il revenir?

A toutes ces questions Horace était resté sans réponses, stupéfait lui-même de ce départ, que rien ne faisait prévoir.

Et alors il était entré dans des explications desquelles résultait la présomption, pour ne pas dire la certitude, que le colonel était, la veille même de son départ, décidé à prolonger son séjour au Glion.

Alors il allait revenir d'un instant à l'autre.

C'était ce que Carmelita s'était dit, bien qu'elle ne pût guère s'expliquer ce brusque départ, alors qu'elle avait de si puissantes raisons personnelles, pour croire qu'il allait rester près d'elle.

C'était donc une séparation.

C'était une fuite!

Mais Horace, comment restait-il à l'hôtel?

Comme sa nièce, le prince s'était demandé ce qui avait déterminé ce brusque départ.

Mais il avait trop l'expérience des choses de ce monde pour rester court devant cette question.

Le colonel avait voulu échapper à un mariage avec Carmelita, et en laissant Horace au Glion, le colonel avait voulu apprendre ce qui se passerait après son départ, et comment ce départ serait supporté.

Et si Horace paraissait stupéfait de ce départ, s'il disait ne rien savoir, il n'était pas sincère. En réalité, il savait parfaitement où son maître était, ce qui expliquait qu'il eût déployé si peu de zèle à le chercher dans les précipices de la montagne, et chaque jour, sans doute, il lui écrivait.

De sa retraite, le colonel suivait donc l'effet produit par sa fuite.

C'était un homme logique que le prince Mazzazoli, et qui poussait les raisonnements jusqu'au bout.

Arrivé à cette conclusion, il ne s'arrêta donc pas en chemin, et il se dit que cette précaution, ce besoin de savoir, indiquait sûrement une résolution indécise aussi bien qu'une conscience troublée.

S'il avait été parfaitement décidé à fuir Carmelita, le colonel ne se serait point inquiété de ce qui arriverait après son départ. Il serait parti et il aurait emmené son valet de chambre avec lui.

De ce que celui-ci restait au Glion avec mission d'observer ce qui s'y passait pour en avertir son maître, on devait conclure que le colonel pouvait revenir.

Ce retour dépendait donc des lettres d'Horace.

En conséquence, il fallait que ces lettres fussent telles que le colonel, ébranlé dans son indécision et atteint dans sa conscience, fût obligé de revenir, qu'il le voulût ou ne le voulût pas.

Pour obtenir ce résultat, deux moyens se présentaient.

Acheter Horace.

Ou bien le tromper.

Le prince, quoiqu'il n'eût qu'un parfait mépris pour la conscience humaine, n'osa pas proposer d'argent à Horace pour le mettre dans ses intérêts; ce nègre, qui était un animal primitif, serait capable de refuser l'argent et d'avertir son maître.

Il aima mieux recourir à l'habileté, ce qui d'ailleurs était plus économique.

Le lendemain, Carmelita garda le lit et l'on annonça qu'elle était malade; on dut même aller chercher un médecin, et, comme le prince était sans domestiques, il pria Horace de lui rendre le service d'aller à Montreux.

Horace ne se serait jamais permis d'interroger le médecin; mais, lorsque celui-ci sortit de la chambre de Carmelita, il entendit sans écouter une partie de la conversation qui s'engagea entre le prince et le médecin dans le vestibule.

— Eh bien! demanda le prince, comment trouvez-vous notre malade? Elle me paraît bien sérieusement prise.

— Ses plaintes dénotent en effet un état très douloureux.

— La tête surtout, c'est de la tête qu'elle souffre; la nuit a été des plus mauvaises.

— Je n'ai rien remarqué de particulier de ce côté; pas de fièvre; et cependant une grande agitation.

Quelques questions et leurs réponses échappèrent à Horace, mais bientôt il entendit le prince qui disait:

— Ne craignez-vous pas une fièvre cérébrale?

La réponse n'arriva pas jusqu'à lui, au moins telle qu'elle fut formulée par le médecin, mais le prince voulut bien la lui faire connaître.

On craignait une fièvre cérébrale, et le médecin était très inquiet.

Horace se montra ému, et le prince fut certain que cette émotion allait se communiquer au colonel.

Il n'y avait qu'à attendre en entretenant cette émotion.

Le temps s'écoulait, et la maladie de Carmelita prit un caractère de plus en plus inquiétant.

Le prince paraissait accablé, et, toutes les fois qu'il parlait de sa nièce à Horace, c'était avec des tremblements dans la voix et des larmes dans les yeux, de plus en plus convaincu que ces larmes et ces tremblements passeraient dans les lettres du nègre.

— Vous aussi, disait-il, vous avez vos tourments, mon pauvre garçon, et je vous plains sincèrement d'être sans nouvelles de votre maître, que vous aimez tant.

Il y avait déjà dix jours qu'Horace « était sans nouvelles de son maître », lorsqu'un matin on lui remit une lourde enveloppe portant le timbre de Paris, et dont l'adresse était écrite de la main du colonel.

Dans cette enveloppe, se trouvaient quatre lettres : une pour lui, dans laquelle le colonel lui disait de venir le rejoindre à Paris; une pour le prince Mazzazoli, une pour la comtesse Belmonte, la quatrième enfin pour mademoiselle Carmelita Belmonte.

Ces lettres reçues, il ne perdit pas son temps à se demander quel pouvait être leur contenu.

Vivement il monta à la chambre du prince, tenant les trois lettres dans sa main.

— Je viens de recevoir une lettre de mon maître, dit Horace, dans laquelle étaient incluses trois lettres que voici : une pour M. le prince, une pour madame la comtesse, une pour mademoiselle Carmelita.

— Donnez, dit le prince en avançant vivement la main.

Mais aussitôt, se contenant et ne voulant pas laisser paraître l'angoisse qui lui serrait les entrailles :

— Quelles nouvelles du colonel? dit-il d'une voix qu'il tâcha d'affermir.

— Bonnes; mon colonel me dit de l'aller rejoindre à Paris, et, comme il ne me parle pas de sa santé, je pense qu'elle est bonne.

— Je le pense aussi et je m'en réjouis; au reste le colonel aura peut-être été plus explicite dans la lettre qu'il m'adresse, et c'est ce que je vais voir.

Et, prenant les lettres qu'Horace lui tendait, il congédia celui-ci d'un mouvement de main plein d'amabilité.

Mais, au lieu de prendre la lettre qui portait son nom, le prince ouvrit celle qui était adressée à Carmelita, pensant sans doute qu'il verrait là plus clairement ce qu'il voulait apprendre.

Il fit cela vivement, sans hésitation, comme la chose la plus naturelle du monde.

Carmelita ne lui appartenait-elle pas? Que serait-elle sans lui? Une déclassée, une pauvre fille qui n'aurait jamais pu se marier.

N'était-il pas juste que le premier, il recueillît le fruit de ses efforts?

Il lut :

« Mon brusque départ a dû vous bien surprendre, chère
» Carmelita, et quand le lendemain de notre journée
» passée dans la montagne, on vous a dit que j'avais quitté
» le Glion, je ne sais ce que vous avez dû penser.

» En tous cas, quelles qu'aient été les accusations que
» vous avez pu porter contre moi ou contre ma conduite,
» elles étaient fondées, puisque vous ignoriez à quel mo-
» bile j'obéissais en partant.

» Aujourd'hui, l'heure est venue de vous donner les
» explications de cette conduite étrange qui, une fois en-
» core, a dû justement vous indigner, et je veux le faire
» franchement, loyalement, comme il convient à un
» homme d'honneur qui croit devoir se justifier.

» Pourquoi suis-je parti sans vous avertir?

» Tout d'abord c'est à cette question que je veux ré-
» pondre, car c'est la première, n'est-ce pas, que vous
» vous êtes posée?

» En effet, n'était-il pas tout simple et tout naturel que,
» voulant partir, je prisse la peine de vous le dire. Pour
» cela qu'avais-je à faire? A frapper deux coups à notre
» porte de communication, qui se serait ouverte devant
» moi et qui m'eût donné toute facilité pour m'expliquer.

» Je ne l'ai pas fait, cependant, et je dois vous dire
» pourquoi, avant d'aller plus loin.

» La facilité matérielle de m'expliquer, je la trouvais

» par ce moyen; mais je ne trouvais pas en même temps
» la liberté morale, et c'était cette liberté morale que je
» voulais, que j'ai cherchée, que j'ai trouvée dans ce
» brusque départ.

» Lorsque nous nous sommes séparés, en rentrant de
» notre promenade, je ne pensais nullement à ce départ;
» bien au contraire, je n'avais qu'une idée, qu'un but:
» rester près de vous.

» Je ne sais ce qu'a été cette nuit pour vous après les
» sensations et les émotions de notre journée.

» Pour moi elle a été une nuit de réflexions les plus
» graves; car c'était ma vie que j'allais décider, c'était
» en même temps la vôtre.

» Dans des conditions pareilles, direz-vous encore,
» pourquoi n'avoir pas frappé à la porte de communi-
» cation?

» Ma réponse sera franche.

» Parce j'aurais subi votre influence toute-puissante,
» irrésistible, et, au lieu de voir par mes propres yeux, au
» lieu de sentir par mon propre cœur, au lieu de rai-
» sonner avec ma propre raison, je me serais laissé en-
» traîner, j'aurais vu par vos yeux, j'aurais senti par votre
» cœur, je n'aurais pas raisonné.

» J'ai voulu m'assurer cette liberté d'examen et de
» décision.

» Voilà comment je suis parti, sans vous parler de ce
» départ, convaincu à l'avance que, si je vous disais un
» seul mot, je ne partirais point.

» Or il fallait, il fallait absolument que je partisse, pour
» avoir toute ma liberté de conscience.

» En vous quittant, en vous serrant dans mes bras une
» dernière fois, je ne m'imaginais guère que le lende-
» main matin nous ne nous verrions plus; mais, dans le
» calme et le silence de la nuit, la réflexion a remplacé
» les emportements tumultueux de la journée, et, peu à

» peu, j'ai été amené à faire l'examen de ma situation
» morale dans le présent aussi bien que dans le passé.

» En commençant cette lettre, je vous ai promis une
» entière franchise et une absolue sincérité; je dois donc,
» quant à cette position morale, entrer dans des détails
» qui, jusqu'à un certain point, seront des aveux.

» Je sens combien ces aveux sont délicats entre nous,
» je sens combien ils sont difficiles; mais je m'imputerais
» à crime de ne pas les faire.

» En ces derniers temps j'ai éprouvé, chère Carmelita,
» une terrible douleur qui m'a laissé anéanti, et j'ai cru
» que mon cœur était mort pour la tendresse, si bien
» mort que personne ne le ressusciterait jamais.

» Cet aveu vous fera comprendre comment, dans cette
» vie d'intimité qui a été la nôtre, jamais un mot de ten-
» dresse n'est sorti de mes lèvres; jamais un regard pas-
» sionné, jamais un geste n'est venu troubler la confiance
» que vous aviez en moi.

» Vous aimai-je?

» Je ne me posais pas cette question, et l'idée que je
» pouvais encore aimer ne se présentait même pas à
» mon esprit.

« La surprise qui nous a mis dans les bras l'un de l'autre
» a été l'éclair qui a déchiré la nuit qui m'enveloppait. »

Arrivé à ce passage de la lettre qu'il lisait, le prince s'arrêta un moment et haussa doucement les épaules avec un sourire de pitié; mais il ne s'attarda pas dans des réflexions oiseuses, et bien vite il reprit sa lecture au point où il l'avait interrompue.

« Les éclairs, vous avez vu, dans cette journée d'orage,
» les effets qu'ils produisent, ils éblouissent, et, lorsqu'ils
» s'éteignent, l'obscurité qu'ils ont pour une seconde dé-
» chirée et illuminée reprend plus sombre et plus noire.

» Il en est des choses morales comme des choses
» matérielles.

» L'éclair qui m'avait ébloui s'était éteint, je restai » aveuglé.

» Sans doute il m'était facile de faire jaillir de nouveau » les lueurs qui avaient projeté leur lumière dans mon » âme. Pour cela, je n'avais qu'à venir près de vous : du » choc de nos regards naîtraient de nouveaux éclairs.

» Mais l'effet ne serait-il pas toujours le même, et l'a- » veuglement ne succéderait-il pas encore à l'éblouisse- » ment ?

» Ce n'était point ainsi que je devais tenter l'examen » que je voulais ; ce n'était point près de vous, sous votre » influence, sous votre charme.

» C'était dans la solitude, dans le calme, seul en face de » moi-même, que je devais m'interroger franchement, et » franchement me répondre.

» Voilà pourquoi je suis parti.

» Ce que je voulais savoir, ce n'était point si j'étais ca- » pable d'être heureux près de vous.

» Cela je le savais, je le sentais, et m'éloignant le matin » de l'hôtel où vous dormiez, regardant les fenêtres de » votre chambre, pensant à notre journée de la veille, je » retrouvais encore dans mes veines des frissonnements » de bonheur.

» Mais étais-je capable de vous rendre heureuse ? Pou- » vais-je vous aimer comme vous devez être aimée ? Cela, » je ne le savais pas d'une manière certaine et je voulais » le chercher.

» Cet examen, je l'ai fait en toute franchise, en toute » conscience.

» Depuis que je me suis éloigné du Glion, il ne s'est » point écoulé une heure, une minute, qui ne vous ait été » consacrée, et aujourd'hui je viens vous dire que j'écris » à votre oncle, et à votre mère, pour leur demander votre » main.

» Voulez-vous de moi pour votre mari, chère Carmelita ?

» Vous prierez votre oncle de me faire connaître votre » réponse. »

Le prince s'arrêta de nouveau et, posant la lettre sur la table qui était devant lui, se renversant dans son fauteuil, il se mit à rire silencieusement.

Quelqu'un qui l'eût observé se fût assurément demandé s'il devenait fou : sans une parole, sans un éclat de voix, il riait toujours, la bouche largement ouverte, la mâchoire inférieure tremblante, les yeux remplis de larmes.

Tout à coup il s'arrêta et haussant les épaules :

— Le remords des honnêtes gens, dit-il à mi-voix. Huit jours... lutté... réparation obligée... enfin !

Puis, son accès de joie s'étant un peu calmé, il reprit et acheva sa lecture :

« Soyez assurée que vous trouverez en moi un mari » qui vous aimera loyalement, et qui tiendra fidèlement » un engagement qu'il n'a voulu prendre qu'en connais- » sance de cause. »

Venaient ensuite quelques phrases de tendresse qui n'étaient que le développement de cette idée, mais le prince ne les lut que d'un œil distrait puis il passa à la lettre qui lui était adressée : en gros, il savait ou tout au moins il croyait savoir comment le colonel avait été amené à cette demande en mariage, et pour le moment cela suffisait.

Maintenant il était curieux de voir comment sa lettre était rédigée.

Elle l'était de la façon la plus simple et en termes aussi brefs que possible.

« Mon cher prince,

» Je n'ai pu vivre dans l'intimité de votre charmante » nièce, sans me prendre pour elle d'un sentiment de » tendresse qui peu à peu est devenu de l'amour.

» J'ai l'honneur de vous demander sa main et je vous » prie d'être mon interprète auprès de madame la com-

» tesse Belmonte, à laquelle d'ailleurs j'écris directement.
» pour appuyer ma demande.

» Je ne veux aujourd'hui présenter que la question de
» sentiment ; quant à ce qui est affaire, nous nous en oc-
» cuperons, si vous le voulez bien, de vive voix, lorsque
» nous aurons le plaisir d'être réunis.

» Croyez, mon cher prince, à mes meilleurs sentiments.

« ÉDOUARD CHAMBERLAIN. »

Autant le prince avait été satisfait de la lettre écrite à Carmelita, autant il fut mécontent de celle-là.

Vraiment ce marchand de pétrole le prenait de haut et d'un ton dégagé avec le dernier représentant des Mazzazoli.

Il prit la lettre adressée à la comtesse et l'ouvrit.

Elle était à peu près la répétition de celle qu'il venait de lire, avec plus de politesse seulement et moins de sans-gêne.

Alors, réunissant ces trois lettres, il passa dans la chambre de Carmelita, où se trouvait la comtesse.

— Je viens de recevoir une lettre du colonel Chamberlain, dit-il.

— Ah ! s'écria la comtesse.

Carmelita ne dit rien ; mais, se soulevant sur le fauteuil où elle était étendue, elle regarda son oncle fixement.

— Voici deux lettres qui vous sont adressées, continua le prince.

Et il remit ces lettres, l'une à sa sœur, l'autre à sa nièce.

— Ne me faites pas mourir d'impatience, s'écria la comtesse, les mains tremblantes, parlez donc.

— Lisez, dit-il.

Carmelita n'avait point attendu ce conseil, prenant la lettre des mains de son oncle, elle en avait commencé vivement la lecture, sans faire d'observation à propos du cachet brisé.

Mais la comtesse tremblait tellement qu'elle ne pouvait lire; alors, le prince, s'approchant d'elle, lui reprit la lettre et la lui lut à mi-voix.

— Ah! le bon garçon, s'écria la comtesse.

Et elle joignit les mains en marmottant quelques mots initelligibles.

Cependant Carmelita avait achevé la lecture de sa lettre, beaucoup plus longue que celle de sa mère.

Le prince, qui l'observait, n'avait pas vu son visage pâlir ou rougir.

Mais, lorsqu'elle fut arrivée à la dernière ligne, elle se leva vivement et lançant à son oncle un regard triomphant :

— Eh bien! dit-elle, suis-je une oie?

Le prince fléchit un genou devant elle, et lui prenant la main avec un geste d'humble adoration :

— Un ange! dit-il.

Respectueusement il lui baisa la main.

A son tour la comtesse vint devant sa fille, et lui prenant la main, comme l'avait fait le prince, elle la baisa aussi avec une génuflexion.

Ainsi sa mère et son oncle se prosternaient devant elle.

L'élan de fierté qu'elle avait eu en lisant la lettre de son mari ne tint pas contre cette humilité; elle prit sa mère dans ses bras et l'embrassa tendrement, de même elle embrassa son oncle.

VI

Bien que le prince Mazzazoli eût pleine confiance dans le colonel et le jugeât incapable de ne pas tenir un engagement pris, il eût désiré que le mariage de Carmelita ne se fît point à Paris.

Sans doute, au point où les choses étaient arrivées, il n'y avait guère à craindre que ce mariage manquât.

Cependant il était dans la nature du prince de craindre toujours et de rester quand même sur ses gardes.

Dans les circonstances présentes, il lui semblait que, si un danger devait surgir, c'était du côté de Paris qu'il fallait l'attendre.

Il paraissait peu probable que le colonel retombât sous l'influence de madame de Lucillière, au moins avant le mariage. Après, cela était possible, et le prince, qui avait l'expérience de la passion, admettait ce retour jusqu'à un certain point; mais ce qui arriverait après le mariage, il n'avait pas présentement à en prendre souci.

Le baron Lazarus ne voudrait-il pas se venger de la duperie dont il avait été victime? Cela était à présumer. Mais que pouvait-il? Ni lui ni Ida n'étaient maintenant bien redoutables.

Enfin pouvait-on être pleinement rassuré du côté de cette jeune cousine du colonel, cette petite Thérèse Chamberlain, qu'il avait eu un moment l'intention de prendre pour femme?

Quel que fût le plus ou moins de gravité de ces trois dangers, et à vrai dire le plus grand de tous paraissait bien peu sérieux, il y avait une chose certaine, qui était que le simple séjour à Paris du colonel et de Carmelita donnait tout de suite à ces craintes un caractère plus imminent.

Que le colonel ne rentrât pas en France et très probablement aucun de ces dangers n'éclatait.

Au contraire, que le mariage se fît à Paris, précédé et accompagné de toute la publicité qui fatalement devait se manifester d'une façon bruyante, et aussitôt ils pouvaient devenir menaçants.

Qui pouvait savoir à l'avance les fantaisies qui passeraient par la tête de la marquise de Lucillière, lorsqu'elle apprendrait que son ancien amant allait se marier? En voyant à qui avait profité la rupture, qu'on avait eu l'habileté d'amener entre elle et cet amant ne devinerait-elle pas quel avait été l'auteur de cette rupture?

Que ne devait-on pas craindre d'un homme tel que le baron Lazarus, déçu dans ses espérances les plus chères, et de plus battu avec les armes mêmes qu'il avait eu la simplicité de donner?

Enfin qui pouvait prévoir ce que ferait cette Thérèse Chamberlain, alors sur tout qu'on ne la connaissait pas, et qu'on ne savait rien de ce qui s'était passé entre elle et son cousin le colonel? Ce que M. Le Méhauté, le juge d'instruction, avait raconté du frère de cette jeune fille, lors de la tentative d'assassinat commise sur le colonel, devait donner à réfléchir. Il était évident qu'on avait la main hardie, dans cette famille, et un Italien, si brave qu'il soit, compte toujours dans la vie avec les mains hardies qui savent manier un couteau ou un poignard. Or, si le récit du juge d'instruction était exact, on ne se faisait pas scrupule, dans la famille Chamberlain, de mettre en mouvement les couteaux et les poignards; la poitrine du colonel était là pour le prouver.

Il valait donc mieux, à tous les points de vue et aussi au point de vue des intérêts personnels du prince, que le mariage ne se fît pas à Paris.

— Mais où le célébrer?

— Ah! si on avait commencé les réparations indispensables dans le château de Belmonte! Si on s'était occupé activement de meubler quelques pièces! Si...

Le prince avait haussé les épaules, ce n'était pas en quelques semaines ou en quelques mois qu'on pouvait restaurer Belmonte.

Comment célébrer un mariage entre les quatre murailles croulantes d'un château chancelant, sans un toit sur la tête des invités, sans vitres aux fenêtres, au milieu des oiseaux de nuit effrayés et des bêtes immondes qui cherchent leur abri dans les décombres?

La vue seule de cette misère ne ferait-elle pas fuir le colonel, peu sensible sans doute à la poésie des ruines?

Il fallait donc renoncer à Belmonte, et le prince y renonça, mais non pourtant sans tenter d'écarter Paris.

Il proposa Venise, Florence, Naples, trois villes charmantes pour une lune de miel.

Mais le colonel n'accueillit point cette proposition.

Le prince Mazzazoli avait-il une habitation à Venise? En avait-il une à Florence? une à Naples? Non, n'est-ce pas? Alors pourquoi aller à Venise ou à Naples? et pourquoi plutôt ne pas aller à Paris, où il possédait, lui, un hôtel prêt à le recevoir?

Paris était aussi une ville charmante pour une lune de miel.

Le prince résista, mais le colonel tint bon et de telle sorte que, finalement, le prince céda.

Quelles raisons valables lui opposer pour refuser Paris? Aucune en réalité; et un refus persistant pourrait le surprendre et l'inquiéter, peut-être même donner de mauvaises pensées.

Le temps n'était pas encore venu où l'on pourrait impunément ne pas le ménager.

Il fut donc convenu qu'on rentrerait à Paris, et que ce serait à Paris que se ferait le mariage.

D'ailleurs, en veillant attentivement, on pourrait écarter les dangers, s'ils se présentaient.

Et le colonel était dans des dispositions qui ne permettaient pas de croire que ces dangers, quels qu'ils fussent pussent être bien redoutables.

On pourrait risquer des efforts pour empêcher ce mariage, mais à coup sûr ils n'auraient aucun résultat.

Cependant, malgré cette confiance dans le succès, le prince aurait voulu tenir le mariage de sa nièce autant que possible caché, ayant pour cela de puissantes raisons qui lui étaient inclusivement personnelles.

Mais cela ne fut pas possible.

Le colonel se serait demandé ce que signifiait cet étrange mystère.

Et d'un autre côté lui-même revenant à Paris, après une assez longue absence, était obligé de donner des explications à ses créanciers pour les faire patienter.

Quelle meilleure assurance pour eux d'être sûrement payés que l'annonce du prochain mariage de Carmelita avec le colonel Chamberlain?

Cette fois, il ne s'agissait plus d'un mariage plus ou moins probable; c'était un mariage arrêté, décidé, et le plus étonnant, le plus merveilleux, le plus miraculeux, le plus étourdissant, le plus triomphant, le plus beau, le plus grand, le plus riche, le plus extraordinaire, le plus brillant, le plus éblouissant, le plus digne d'envie qu'on pût rêver. Le mari, on pouvait le nommer : c'était... pour tout dire d'un seul mot, c'était l'homme le plus riche, le plus en vue, le plus à la mode de Paris, c'était le colonel Chamberlain.

Et le prince l'avait nommé tout bas, en cachette, avec prière de ne pas ébruiter cette nouvelle.

Non seulement il l'avait nommé, mais avec quelques créanciers qui avaient payé cher le droit d'être incrédules, il avait fait plus ; il avait montré la lettre écrite par le colonel pour lui demander la main de Carmelita.

Le premier créancier à qui le prince avait montré la lettre du colonel était son bijoutier, qu'il avait intérêt à ménager. Le bijoutier avait promis le secret, mais, en rentrant chez lui, il avait joyeusement annoncé à sa femme que la créance du prince Mazzazoli serait payée, attendu que mademoiselle de Belmonte épousait le colonel Chamberlain. A ce moment était entrée une des principales clientes de la maison, la charmante comtesse d'Ardisson, amie et rivale de la marquise de Lucillière.

Naturellement, on lui avait conté cette grande nouvelle, qui, en conséquence de ses relations avec madame de Lucillière, devait avoir un certain intérêt pour elle.

C'était un secret, un grand secret, que personne ne connaissait encore à Paris; car le prince et sa famille venant de Suisse avec le colonel Chamberlain, étaient arrivés le matin même.

Une fois en possession de ce secret, la comtesse d'Ardisson n'eut qu'un désir, l'apprendre elle-même à madame de Lucillière, pour voir comment celle-ci recevrait cette nouvelle.

Précisément c'était jour d'Opéra de la marquise de Lucillière, l'occasion était vraiment heureuse.

A huit heures, la comtesse d'Ardisson s'était installée dans sa loge, qui faisait face à celle de madame de Lucillière.

La marquise n'était point encore arrivée et sa loge était restée vide jusqu'à la fin du premier acte de *Robert*, qu'on donnait ce soir-là.

La toile était à peine tombée, que la comtesse d'Ardisson entrait dans la loge de madame de Lucillière pour lui faire une visite d'amitié.

La marquise était gaie, souriante, de belle humeur comme à l'ordinaire, et prenait plaisir pour le moment à plaisanter le prince Seratoff, qui l'avait acompagnée.

Elle accueillit la comtesse d'Ardisson avec des démonstrations de joie affectueuse, comme une amie dont on a été trop longtemps séparée.

Après quelques minutes, le prince Seratoff sortit de la loge, les laissant en tête à tête.

— Vous savez la nouvelle? demanda aussitôt la comtesse.

— Quelle nouvelle?

— La grande, l'incroyable, la merveilleuse nouvelle : le colonel Chamberlain, qui avait disparu si brusquement, il y a quelques mois est retrouvé.

— Était-il donc perdu? demanda la marquise de Lucillière en pâlissant légèrement.

— Je ne sais s'il l'était pour vous, — la comtesse appuya sur le mot. — mais il l'était pour le monde parisien; heureusement le voici revenu, et je crois que son retour va faire un joli tapage.

Elle atte[illegible] un moment pour que madame de Lucillière lui demandât à propos de quoi allait éclater ce tapage; mais celle-ci, tout d'abord surprise en entendant prononcer le nom du colonel, s'était bien vite remise et maintenant elle se tenait sur ses gardes.

Évidemmment ce n'était pas pour avoir le plaisir de lui faire une simple visite que sa chère amie, madame d'Ardisson, était venue dans sa loge. Madame de Lucillière avait trop l'habitude de ces sortes d'attaques pour se livrer maladroitement; il fallait attendre et laisser venir.

— Il y a longtemps que vous n'avez eu de nouvelles du prince Mazzazoli et de mademoiselle Belmonte? demanda la comtesse d'Ardisson.

— Très longtemps.

— Ils étaient en Suisse; ils sont revenus aussi.

— La comtesse est rétablie?

— Est-ce que vous croyez vraiment qu'elle a été malade?

— Je crois toujours ce qu'on me dit, quand je n'ai pas de motifs pour me défier de ceux qui parlent.

— Et vous n'avez pas de motifs pour vous défier de la comtesse ou du prince?

— Pas le moindre. Ne sont-ils pas mes amis? Je ne me défie jamais de mes amis.

— Eh bien! dans cette circonstance, vous avez été dupe de votre confiance.

4.

— Vraiment?

— Ce n'était pas pour cause de maladie que la comtesse allait en Suisse. En réalité, ce n'était pas elle qui faisait ce voyage; c'était Carmelita. Devinez-vous?

— Pas du tout; vous parlez, chère amie, comme le sphinx.

— Je voulais vous ménager cette nouvelle pour qu'elle ne vous... surprît pas trop brusquement. Carmelita allait en Suisse pour rejoindre le colonel Chamberlain, qui s'était retiré sur les bords du lac de Genève en quittant Paris; ils ont passé tout le temps de cette absence ensemble, et de ce long tête-à-tête il est résulté ce qui fatalement devait se produire : le colonel Chamberlain épouse mademoiselle Carmelita Belmonte.

Bien que madame de Lucillière eût pu se préparer pendant les savantes lenteurs de cette attaque, elle tressaillit, et sa main, qui jouait nerveusement avec son éventail se crispa.

Madame d'Ardisson, qui l'observait, remarqua très bien l'effet qu'elle avait produit.

— Vous ne me croyez pas? dit-elle.

— Pourquoi ne vous croirais-je pas?

— Je n'en sais vraiment rien, car rien n'est plus explicable que ce mariage entre deux êtres qui semblent faits l'un pour l'autre : le colonel est un homme charmant malgré l'excentricité de sa tenue, et Carmelita est la belle des belles. Ils devaient s'aimer, cela était écrit et cela s'est réalisé : il paraît qu'ils s'adorent. En tous cas, le certain est qu'ils s'épousent.

Il fallait bien dire quelque chose.

— Et pour quand ce mariage? demanda madame de Lucillière d'une voix qu'elle tâcha d'affermir.

— Ah! cela je n'en sais rien, car ce n'est ni le colonel ni le prince Mazzazoli qui m'ont donné cette nouvelle; je la tiens d'une personne tierce, en qui j'ai toute confiance et qui a vu, de ses yeux vu, ce qui s'appelle vu, la lettre par laquelle le colonel Chamberlain demande au prince Mazzazoli la main de sa nièce, mademoiselle Carmelita Belmonte. Le mariage n'est donc plus douteux, seulement j'ignore la date; il est même probable que cette date vous la connaîtrez avant moi. Vous avez avec le colonel Chamberlain des relations beaucoup plus intimes que personne à Paris, et sa première visite sera assurément pour vous. Mais, grâce à mon indiscrétion, vous ne serez pas surprise. Vous ne me remerciez pas?

— Au contraire; mais j'attendais que vous eussiez fini, afin de vous remercier une bonne fois pour toutes.

Puis, après quelques paroles insignifiantes, madame d'Ardisson regagna vivement sa loge, et, se plaçant dans l'ombre de manière à se cacher autant que possible, elle braqua sa lorgnette sur madame de Lucillière.

Elle s'était observée pendant cet entretien, dont toutes les paroles portaient; maintenant, sans doute qu'elle se croyait libre elle allait se livrer...

Et de fait, elle se tenait la tête appuyée sur sa main, immobile, le visage contracté, les sourcils rapprochés, les lèvres serrées, les narines dilatées.

Elle aimait donc toujours le colonel?

Et complaisamment, en souriant, madame d'Ardisson prit plaisir à rappeler les coups qu'elle venait de porter : « Carmelita allait en Suisse pour rejoindre le colonel; ils s'adorent, ils se marient. » Et cette allusion aux relations intimes qui existaient entre le colonel et la marquise?... Vraiment tout cela avait été bien filé.

A ce moment, la porte de la loge de la marquise s'ouvrit de nouveau, et le prince Seratoff parut; mais la marquise ne le laissa pas s'asseoir.

Elle lui fit un signe, et il se pencha vers elle; puis, après avoir dirigé ses regards vers les fauteuils d'orchestre du côté gauche, il sortit.

Abandonnant la loge de la marquise, madame d'Ardisson braqua sa lorgnette vers la porte de l'orchestre, où bientôt se montra le prince Seratoff.

Au quatrième fauteuil, était assis le baron Lazarus, qui venait d'arriver.

Le prince se dirigea vers lui, et après quelques paroles l'emmena avec lui.

Deux minutes après, ils entrèrent dans la loge de la marquise de Lucillière, et le prince en sortit aussitôt, laissant le baron seul avec la marquise.

VI

Madame de Lucillière avait indiqué de la main au baron Lazarus un fauteuil dans le fond de la loge, et elle-même, reculant autant que possible celui qu'elle occupait, avait tourné le dos à la scène.

— Vous avez désiré me voir? demanda le baron, qui paraissait assez mal à l'aise.

— Oui, monsieur, et j'ai cru remarquer que vous n'accueilliez pas très favorablement la demande de mon ambassadeur.

— Mais, madame...

— Oh! je comprends très bien que vous ayez eu une certaine répugnance à revenir dans cette loge qui doit vous rappeler de mauvais souvenirs.

Le baron prit l'air d'un homme qui cherche vainement à comprendre ou à se rappeler ce dont on lui parle.

Bons ou mauvais, il était évident que les souvenirs auxquels on faisait allusion étaient sortis de sa mémoire.

— Cette loge? dit-il enfin (car il ne pouvait pas rester bouche ouverte sans rien dire), cette loge?

— N'est-ce pas dans cette loge, à cette place même, peut-être sur ce fauteuil, continua la marquise, que vous avez eu avec M. de Lucillière un entretien dont je faisais le sujet.

— Un entretien, avec M. le marquis, dont vous faisiez le sujet? Mon Dieu! c'est possible, cependant je ne me rappelle pas du tout de quoi il était question.

— D'une certaine lettre anonyme.

— Une lettre anonyme?

Et le baron Lazarus parut faire un appel désespéré à sa mémoire.

Mais ce fut en vain, il ne trouva rien à propos de cette lettre anonyme.

— Ne cherchez pas, dit madame de Lucillière avec dédain; je vois que vous ne trouveriez pas; je vais vous aider. Cette lettre anonyme parlait d'une petite porte de la rue de Valois.

— Comment? vous savez...

— Le marquis m'a tout dit; il est inutile de paraître ignorer ce que vous savez parfaitement. De mon côté, je trouve inutile de vous laisser croire plus longtemps que le prétexte mis en avant pour rompre nos relations était fondé; la vraie raison de cette rupture était cette lettre anonyme. Cela ne doit pas vous surprendre, et je présume que vous le saviez déjà; cependant j'ai tenu à vous le dire.

— Avez-vous pu supposer que je connaissais l'auteur de cette infamie?

— J'ai cru et je crois que l'auteur de cette infamie, comme vous dites, était vous.

— Madame!

— Oh! pas d'indignation; vous devez sentir que je ne m'y laisserais pas prendre. Ménagez-vous, réservez vos forces, ne prodiguez pas votre éloquence en pure perte; vous en aurez besoin bientôt, et vous trouverez à les employer plus utilement qu'avec moi.

Elle parlait avec une véhémence que le baron ne lui avait jamais vue, en contenant sa voix cependant de manière à n'être pas entendue distinctement par les personnes qui se trouvaient dans les loges voisines; mais la violence même qu'elle se faisait pour se contenir rendait son émotion plus évidente.

Décidément le baron avait eu tort de se rendre à l'invitation du prince Seratoff, et il aurait été beaucoup plus sage à lui d'écouter son inspiration première, qui lui conseillait de rester tranquillement dans son fauteuil. Comment n'avait-il pas deviné, après la rupture qui avait eu lieu entre lui et madame de Lucillière, qu'une invitation de celle-ci ne pouvait être que dangereuse!

Maintenant qu'il avait commis la sottise de se rendre à cette invitation et de venir dans cette loge, quand et comment en sortir?

Comme il se posait cette question, la porte de la loge s'ouvrit, et le duc de Mestosa s'avança vivement vers la marquise, en homme heureux de voir la femme qu'il adore.

Cette visite redoubla l'embarras du baron, car il connaissait madame de Lucillière et ses habitudes : c'était toujours publiquement qu'elle s'expliquait avec les gens dont elle croyait avoir à se plaindre, et elle le faisait avec un esprit diabolique qui lançait des allusions et les mots acérés d'une façon cruelle. Qu'elle eût tort ou raison elle arrivait toujours à mettre les rieurs de son côté, et l'on ne sortait de ses jolies griffes roses que déchiré aux endroits les plus sensibles, avec des blessures ridicules. Que de fois n'avait-il pas ri lui-même de ses pauvres victimes!

Maintenant c'était son tour de recevoir ces blessures sans pouvoir les rendre. Il se leva pour céder la place au duc.

Mais de la main elle le retint.

— J'ai à peine commencé la confidence que j'ai à vous faire, dit-elle.

Puis s'adressant au duc de Mestosa, qui restait indécis :

— J'ai une affaire importante à traiter avec le baron, dit-elle ; voulez-vous nous donner quelques minutes encore ?

Au moins l'explication n'aurait pas de témoin.

Ce fut ce que le baron se dit avec satisfaction.

— Sachant la vérité au sujet de cette lettre anonyme, continua madame de Lucillière, vous devez vous demander comment l'idée m'est venue d'avoir une entrevue avec vous. J'avoue qu'en arrivant ce soir à l'Opéra, je ne me doutais guère que je vous ferais appeler dans ma loge, et je croyais bien que toutes relations entre nous étaient rompues. A vrai dire et pour ne pas m'en cacher, je vous considérais comme mon ennemi, et pour vous je n'avais d'autre sentiment que ceux d'une ennemie. Vous voyez que je suis franche.

— Je vois que vous ressentez comme une sorte de joie à affirmer cette hostilité.

— Parfaitement observé ; mais ce n'est pas seulement la joie qui me fait affirmer cette hostilité ; j'obéis encore, en agissant ainsi, à d'autres considérations plus importantes. Je veux, en effet que cette hostilité soit bien constatée, bien reconnue par vous, afin que vous ne vous trompiez pas sur le traité d'alliance que je vais vous proposer.

Cette hostilité d'une part et cette alliance d'une autre, paraissaient tellement contradictoires que le baron laissa paraître un mouvement de surprise.

— Quand je me serais expliquée, continua madame de

Lucillière, votre étonnement cessera, et ce qui vous paraît obscur en ce moment s'éclaircira. Écoutez donc cette explication, qui vous intéresse plus que vous ne pouvez le supposer, et revenons à la lettre, à votre lettre anonyme. Vous devez penser qu'il ne m'a pas fallu de grands efforts d'esprit pour deviner le mobile qui vous a poussé à faire usage de cette lettre : vous avez voulu amener une rupture entre nous et le colonel Chamberlain.

— Laissez-moi vous dire, interrompit-il, que vous vous trompez.

— Je ne me trompe nullement. Vous désiriez cette rupture parce que, interprétant notre intimité selon vos craintes, vous vous figuriez que, cette intimité rompue, le colonel Chamberlain deviendrait un mari possible pour votre fille.

L'occasion était trop bonne pour que le baron ne la mît pas à profit : on attaquait sa fille, il dédaignait de répondre et quittait la place. Il se leva pour sortir.

Mais la marquise semblait avoir prévu ce mouvement; car, avant qu'il eût pu faire un pas en arrière, elle lui jeta vivement quelques mots qui l'arrêtèrent.

— Ce mari impossible alors est possible aujourd'hui, si vous voulez écouter ce que j'ai à vous dire.

Le baron hésita un moment.

— Si injustes que soient vos accusations, dit-il enfin, notre ancienne amitié me fait une loi de les écouter jusqu'au bout, pour m'en défendre et vous montrer combien elles sont fausses.

C'était là une étrange réponse, mais la marquise ne s'en préoccupa pas autrement. Ce qu'elle voulait, c'était que le baron demeurât, et il demeurait; le reste lui importait peu.

Elle continua :

— L'histoire de cette lettre anonyme prouve que vous

êtes doué de qualités... est-ce bien qualités qu'il faut dire? enfin peu importe. Vous êtes donc doué de qualités, puisque qualités il y a, que je ne possède pas; de plus vous avez, dans le choix des moyens auxquels vous recourez, une hardiesse d'esprit et une indépendance de... cœur qui, j'en conviens, peuvent rendre de très utiles services. En un mot, vous êtes un homme pratique, et voulant le succès, vous ne vous laissez point empêtrer dans toutes sortes de considérations sentimentales ou morales, qui sont un fardeau pour quiconque ne sait pas s'en débarrasser. Vous voyez que je vous rends justice.

Le baron fit la grimace.

— C'est cette... j'allais dire estime, poursuivit madame de Lucillière, c'est ce cas que je fais de vos qualités pratiques qui m'a donné l'idée de revenir sur notre rupture et de vous proposer une alliance dans un but commun, certaine à l'avance que personne n'était capable comme vous d'atteindre un résultat que je désire et que vous désirerez peut-être encore plus vivement que moi, quand vous le connaîtrez. Bien entendu, l'alliance dont je vous parle n'est point une alliance cordiale; c'est une alliance utile, voilà tout. Vous pouvez me servir, je m'adresse à vous; je puis vous aider, vous venez à moi. Les sentiments n'ont rien à voir dans ce pacte, ils restent ce qu'il sont.

— Mais je vous assure...

— Je vous en prie, ne revenons point sur cette question: nos sentiments personnels n'ont rien à voir ni à faire dans l'œuvre commune que je veux vous proposer, ou plutôt c'est parce qu'ils sont ce qu'ils sont que précisément je vous la propose.

— J'avoue encore une fois, madame, que je ne comprends rien à ces paroles; aussi avant de savoir si je puis vous prêter mon concours, je vous prie de me dire ce que vous attendez de moi et quel but vous poursuivez.

— Le but, empêcher le colonel Chamberlain de devenir le mari de mademoiselle Belmonte; le concours, chercher les moyens, les trouver, de rompre ce mariage, qui est à la veille de se faire. Vous voyez que rien n'est plus simple.

— Ce mariage est à la veille de se faire! s'écria le baron.

— A la veille est une façon de parler pour dire prochainement: l'époque à laquelle il doit avoir lieu, je ne la connais pas. Tout ce que je sais, c'est que le prince Mazzazoli, accompagné de sa nièce, a été rejoindre le colonel en Suisse, où celui-ci s'était retiré en quittant Paris; que là Carmelita ou le prince, je ne sais lequel des deux, tous deux peut-être, ont trouvé moyen d'obtenir une promesse de mariage du colonel, et qu'ils sont revenus tous ensemble à Paris. Existe-il des moyens pour rompre ce mariage, je n'en sais rien; mais, comme j'ai de bonnes raisons pour être convaincue que vous désirez cette rupture non moins vivement que moi, je m'adresse à vous pour que vous les cherchiez de votre côté, tandis que je les chercherai du mien. Sans doute j'aurais pu agir seule, mais je vous ai expliqué tout à l'heure que je vous reconnaissais des qualités que je n'ai pas, de sorte que je n'ai pas hésité à vous demander votre concours, en même temps que je vous proposais le mien. Il est certain que nous n'agirons pas de la même manière; voilà pourquoi, à deux, nous serons beaucoup plus forts. Acceptez-vous.

Le baron hésita assez longtemps avant de répondre.

— Il est évident, dit-il enfin, qu'il serait tout à fait regrettable de voir un homme tel que le colonel épouser mademoiselle Belmonte.

— N'est-ce pas? J'étais sûre que ce serait là votre cri.

— J'ai pour ce cher colonel la plus vive amitié; je l'aime comme un fils, et il me semble que c'est un devoir d'empêcher, si cela est possible, un mariage qui certainement le rendrait malheureux. Ce brave colonel vient de loin, de très loin ; il ne connait pas les dessous de la vie parisienne.

— Il faudrait les lui montrer.

— Tout en reconnaissant le mérite du colonel, on peut dire qu'il y a en lui une certaine naïveté qui l'expose à être dupe quelquefois de ceux qui l'entourent. J'ai été témoin de sa confiance et de sa foi.

Ce fut à la marquise de faire un mouvement qui prouva que le coup du baron avait porté.

— Il se laisse facilement tromper par son cœur : c'est une qualité sans doute, mais qui nous expose souvent à de fâcheuses déceptions. Je crois donc que dans les circonstances qui nous occupent, il aura été victime de sa confiance et de son cœur. Mademoiselle Belmonte n'est pas du tout la femme qui lui convient, lui si droit, si franc, si tendre, car il est très tendre.

— Mille raisons rendent ce mariage impossible.

— Ce n'est pas avec des raisons qu'on ouvre les yeux d'un homme aveuglé par la passion, et sans doute le colonel aime passionnément la belle Carmelita. Savez-vous s'il l'aime passionnément?

Le baron posa cette question avec sa bonhomie ordinaire, en regardant la marquise.

— Je ne sais pas.

— Vous ne savez pas? Moi non plus; mais je trouve cette passion probable. Carmelita est assez belle pour l'avoir inspirée; pour moi, je ne connais pas de femme plus belle, et vous?

— Peu importe.

— Il me semble qu'il importe beaucoup; car c'est très probablement cette beauté qui fait sa toute-puissance. Sur cette beauté, nous ne pouvons rien, ni vous ni moi.

— Ce n'est pas avec sa beauté qu'une femme retient un homme.

— Je n'ai aucune expérience dans les choses de la passion, et je m'en remets pleinement à vous; je veux dire seulement qu'il est bien difficile de détruire l'influence que Carmelita doit à sa beauté, surtout avec un homme tel que le colonel, qui est fidèle dans ses attachements. Croyez-vous qu'il soit fidèle!

— Je ne sais pas.

— Moi, je crois, et il me semble qu'il n'y aurait qu'une arme qui pou agir efficacement sur lui.

— Laquelle?

— Celle qui sert toujours dans ces sortes de situations: si épris que soit un amant, il s'éloigne de celle qu'il aime lorsqu'on lui donne la preuve qu'il est trompé. Quelque chose vous fait-il supposer que le colonel serait homme à s'obstiner dans sa passion, malgré une preuve de ce genre?

Décidément le baron prenait sa revanche, et la marquise sentit que, par le fait seul de l'association qu'elle venait de lui proposer, elle lui avait permis de redresser la tête: il était utile, il profitait de sa position.

— Avant de savoir si le colonel s'obstinerait ou ne s'obstinerait pas dans sa passion, dit-elle après un court moment de réflexion, il faudrait savoir si cette preuve dont vous parlez peut être fournie, et pour moi je l'ignore.

— Je l'ignore aussi.

— C'est donc ce qu'il faudrait chercher tout d'abord, il me semble.

— Et comment le découvrir? Une jeune fille qui aurait un amant ne conduirait pas ses amours comme certaines femmes qui se font un piédestal de leurs fautes. Car il y a de ces femmes, n'est-ce pas, dans le monde parisien, même dans le meilleur?

— Je n'ai jamais dit que mademoiselle Belmonte pouvait se trouver dans ce cas, bien au contraire.

— Et moi non plus, je vous prie de le bien constater.

— J'ai dit qu'il pouvait exister certaines raisons de nature à rompre son mariage; j'ai dit qu'on pouvait, en cherchant habilement, trouver peut-être des moyens pour arriver à ce résultat, et c'est ce que je répète, sans vouloir entrer dans le détail de ces raisons ou de ces moyens. Si vous en trouvez qui vous conviennent, je crois que vous en userez, sans qu'il soit besoin de nous entendre; si de mon côté j'en trouve qui ne soient pas en désaccord avec mes sentiments ou mes habitudes, j'en userai aussi. Cependant, puisque nous formons une association en vue de ce résultat, il peut être bon que nous nous concertions quelquefois; ma porte vous sera ouverte quand vous vous présenterez.

Le baron se leva :

— J'aurai donc l'honneur de vous revoir, madame la marquise.

— Au revoir, monsieur le baron.

Il sortit de la loge.

Le duc de Mestosa attendait sans doute ce départ dans le corridor, car la porte n'était pas fermée qu'elle se rouvrit devant lui.

— Une nouvelle, dit-il en se penchant vers la marquise, que tout le monde répète.

Madame de Lucillière leva les yeux sur lui, il paraissait radieux.

— Et vous voulez la répéter aussi? dit-elle; malheureusement pour vous, je la connais, votre nouvelle. Le colonel Chamberlain épouse Carmelita, n'est-ce pas? C'est cela que vous voulez m'apprendre?

— Il est vrai.

— Et c'est pour cela que vous paraissez si joyeux? Eh bien! mon cher, cette joie est une injure pour moi; cachez-la donc, je vous prie, et tâchez de prendre un air indifférent.

— Ce mariage vous peine donc bien vivement?

— Ce que vous dites-là est une nouvelle injure, et de plus c'est une niaiserie. Ce mariage ne me peine ni me réjouit. Ce qui me fâche, c'est de vous voir montrer une joie qui prouve que vous n'avez jamais ajouté foi à mes paroles, que vous avez toujours et malgré tout persisté dans vos soupçons ridicules; si bien qu'aujourd'hui vous éclatez de satisfaction à l'annonce de ce mariage. Ce que je vous ai dit n'a servi à rien; il vous fallait une preuve, ce mariage vous la donne. Eh bien! mon cher, cela me blesse et me fâche. Faites-moi donc le plaisir d'aller porter ailleurs votre joie triomphante, ou plutôt cachez-la aux yeux des gens qui se moqueraient de vous.

— Mais...

— Je désire être seule. Cette nuit, vous réfléchirez, et demain matin sans doute vous aurez compris; s'il vous faut plusieurs jours, ne vous gênez pas, prenez-les.

Et le duc sortit la tête basse, beaucoup moins fier qu'il n'était entré.

Mais madame de Lucillière ne resta pas seule, comme elle le désirait.

Après le duc de Mestosa, ce fut le prince Seratoff qui vint lui faire visite; puis, après le prince, ce fut lord Fergusson.

Tous entrèrent avec l'air triomphant qu'avait eu le duc de Mestosa.

Tous sortirent, la tête basse, comme le duc était sorti. Car à tous elle fit la même réponse qu'au duc.

Seulement elle la fit plus âpre et plus mordante; car la répétition de la même nouvelle, qu'on venait lui communiquer avec des attitudes de vainqueur, l'avait exaspérée.

Mais elle n'eut pas à subir ces seules visites : ce qui cependant, dans l'état nerveux où elle se trouvait, était bien suffisant.

Dans l'entr'acte, sa loge ne désemplit pas : ce fut un défilé, une procession; tout ce qu'elle avait d'amis et surtout d'amies dans la salle voulut se donner la joie de venir lui annoncer la grande nouvelle.

— Eh bien! le colonel Chamberlain se marie donc?

— Avec la belle Carmelita! Qui s'en serait jamais douté?

— Savez-vous la date précise de ce fameux mariage?

A ces visiteurs, elle ne pouvait pas répondre comme elle l'avait fait avec le duc de Mestosa ou avec lord Fergusson.

Il fallait sourire, bavarder, parler pour ne rien dire.

De même, il fallait encore qu'elle gardât continuellement ce sourire et ne s'abandonnât pas aux sentiments qui la troublaient; car, dans la salle, tous les yeux étaient dirigés sur elle.

Et, quand un nouvel arrivant apprenait la grande nouvelle du mariage du colonel Chamberlain, son premier mouvement était de chercher avec sa lorgnette la loge de madame de Lucillière.

VII

Mais il ne lui convenait pas de paraître fuir.

Elle resta jusqu'au quatrième acte, et ce fut alors seulement qu'elle se retira.

— Je suis attendue chez ma mère.

La voiture qui l'attendait était le coupé noir traîné par les chevaux et conduit par le cocher anglais que le colonel lui avait donnés.

— A l'hôtel, dit-elle en baissant la glace pour parler à son cocher,

En quelques minutes, ils arrivèrent rue de Courcelles.

— Ne dételez pas, dit la marquise en descendant, je vais ressortir.

En effet, elle ne resta que fort peu de temps chez elle, et sa femme de chambre, après l'avoir aidée à remplacer sa toilette de théâtre par une toilette de ville, la vit chercher dans un meuble, où elle prit une petite clef qu'elle plaça dans sa poche.

Cela fait, elle remonta en voiture.

— Il ne fallut que quelques secondes pour arriver devant la petite porte où si souvent le cocher avait déposé et repris sa maîtresse.

La marquise, enveloppée dans un grand vêtement sombre et la tête couverte d'une épaisse voilette, descendit de voiture.

Mais, au lieu de renvoyer son cocher en lui indiquant comme à l'ordinaire l'heure à laquelle il devait venir la reprendre, elle lui dit d'attendre.

Puis, traversant le trottoir, elle introduisit la clef dans la petite porte. Mais, bien que la clef tournât librement dans la serrure en faisant jouer le pêne, la porte ne s'ouvrit point : elle était fermée à l'intérieur par un verrou.

Madame de Lucillière resta un moment embarrassée devant cette porte qu'elle poussait et qui refusait de s'ouvrir.

Mais son hésitation ne fut pas longue ; comme toujours et en toutes circonstances, elle prit vivement sa résolution.

— Rentrez, dit-elle au cocher.

Longeant le mur du jardin de la rue de Valois, la marquise, sans s'inquiéter de l'heure avancée et de la solitude de ce quartier désert, se dirigea vers l'entrée principale de l'hôtel Chamberlain.

A son coup de marteau, la porte s'ouvrit et le concierge parut sur le seuil de sa porte.

— M. Horace Cooper, demanda la marquise d'une voix faible.

Le concierge, sans lui répondre, se retourna vers l'intérieur de sa loge, et madame de Lucillière entendit des éclats de rire à demi étouffés.

— Une dame demande M. Horace, dit le concierge; est-il chez lui?

— Déjà! répliqua une voix.

— A l'hôtel! dit une autre; c'est trop fort.

— Si madame veut monter à la chambre de M. Horace, dit le concierge, elle le trouvera en train de s'habiller.

Madame de Lucillière, rassurée par son voile, ne se laissa pas déconcerter.

— Faites prévenir M. Horace qu'une dame l'attend au parloir, dit-elle.

En femme qui sait où elle va, elle traversa la cour pour entrer à l'hôtel.

— Est-ce que celle-là est déjà venue? demanda une voix.

— Je ne la reconnais pas, mais elle n'a pas perdu de temps pour venir : le nègre est arrivé ce matin, et déjà j'ai reçu trois billets pour lui, l'un avec un bouquet. Si ça ne fait pas hausser les épaules?

— Mais qu'est-ce qu'il a donc pour lui, ce moricaud? demanda une voix de femme.

— Je vous le demande, mademoiselle Isabelle; ça va recommencer comme avant son départ, et on va le revoir dormir tout debout.

Cependant madame de Lucillière avait monté le perron de l'hôtel, et la porte vitrée, tirée par un valet de pied en grande livrée, s'était ouverte devant elle.

Malgré l'heure avancée, l'hôtel était encore éclairé du haut en bas et les domestiques étaient à leur poste.

Cela inspira une certaine crainte à la marquise; peut-être le colonel était-il chez lui, alors il pouvait la rencontrer ; de même quelques personnes de son monde pouvaient, en traversant le vestibule, l'apercevoir et la reconnaître.

Par un mouvement de crainte instinctive, elle serra son manteau autour d'elle; puis tout de suite, réfléchissant que c'était le meilleur moyen pour se faire reconnaître, elle laissa retomber.

— M. le colonel n'est pas rentré, dit le domestique.

— C'est à M. Horace que j'ai affaire, dit-elle, avec un accent anglais très prononcé.

Elle attendit pendant près de dix minutes; puis enfin la porte s'ouvrit devant Horace, qui venait de s'habiller pour sortir, et portait sur sa personne, dans ses vêtements comme dans son linge, tous les parfums à la mode.

Elle avait rejeté son voile en arrière.

Il fut un moment sans parler, tant sa surprise était violente.

— Madame la marquise ! s'écria-t-il.

— Quand votre maître doit-il rentrer ?

— D'un moment à l'autre, je pense ; je l'attendais pour sortir. Il est chez...

Horace s'arrêta.

— Chez mademoiselle Belmonte, acheva la marquise.

— Madame la marquise sait ?...

— Le mariage prochain du colonel avec mademoiselle Belmonte ? Parfaitement, et voilà pourquoi il faut que je lui parle ce soir.

— Mais, madame la marquise...

— Mon bon Horace, il le faut et je compte sur vous.

Horace était resté, pour madame de Lucillière, dans ses sentiments d'admiration et d'adoration d'autrefois;

pour lui, elle était toujours la plus séduisante de toutes les femmes, et, sans savoir au juste quelles causes avaient amené une rupture entre elle et son maître, il regrettait vivement cette rupture. Bien souvent il se disait que le colonel avait peut-être été trop prompt à se fâcher; quand on a le bonheur d'être aimé par une femme telle que madame de Lucillière, il ne faut pas être trop rigoureux et l'on doit lui passer bien des choses. C'était d'ailleurs son propre système, faible avec les femmes en proportion de leur beauté; tout est permis à une belle femme, rien ne l'est à une laide. Assurément Carmelita aussi était belle, très belle : mais il préférait le genre de beauté de madame de Lucillière, qui, à ses yeux, était le charme en personne, la séduction, et puis Carmelita voulait se faire épouser, et il n'était pas pour le mariage, au moins à l'âge qu'avait présentement le colonel; plus tard il serait temps. Comment consentir à n'avoir qu'une femme, quand on pouvait les avoir toutes?

C'était non seulement au point de vue de son maître qu'il se plaçait pour condamner le mariage, mais encore au sien propre : une femme dans la maison dérangerait toutes ses habitudes et toutes ses idées, elle le gênerait aussi bien dans les choses matérielles que dans ses sentiments. Il ne pourrait jamais obéir à une femme qui parlerait au nom d'un droit et en vertu du principe d'autorité. Qu'une femme lui demandât n'importe quoi comme un service, il se jetterait à travers le feu ou l'eau pour le faire; mais qu'elle lui demandât la même chose sans qu'il pût recevoir d'elle un remercîment ou un sourire, il ne le ferait pas.

Dans ces conditions, madame de Lucillière l'appelant : « Mon bon Horace », en lui disant : « Je compte sur vous », devait produire sur lui une vive émotion.

— Que puis-je pour madame la marquise? dit-il en saluant.

— Me conduire dans l'appartement du colonel, où j'attendrai son retour.

Horace avait la certitude que son maître ne serait pas satisfait de trouver, en rentrant, madame de Lucillière installée dans son appartement et l'attendant.

Aussi cette demande lui causa-t-elle un véritable embarras : comme il demeurait hésitant, elle insista :

— Vous devez comprendre que cette entrevue aurait lieu en tous les cas, alors même que vous refuseriez ce que je vous demande; seulement il est préférable pour tous qu'elle soit secrète, et voilà pourquoi je m'adresse, je veux dire, pourquoi je me confie à vous.

Assurément on ne mettrait pas la marquise à la porte, et puisqu'elle était entrée dans l'hôtel, il importait peu en réalité que l'entretien qu'elle voulait, eût lieu dans ce parloir ou dans l'appartement du colonel.

Et puis elle se confiait à lui, elle, la marquise de Lucillière.

— Si madame la marquise veut me suivre, dit-il en se dirigeant vers la porte.

Mais, avant de le suivre, madame de Lucillière ramena son voile sur son visage et arrangea les plis de son manteau.

Deux autres domestiques étaient venus rejoindre le valet de pied dans le vestibule; en voyant cette femme voilée, monter derrière Horace l'escalier d'honneur, au lieu de prendre l'escalier de service, ils se regardèrent tous les trois avec des mines étonnées.

L'un d'eux était maître d'hôtel.

— Voilà qui explique la puissance de ce nègre, dit-il, il fait un joli métier.

Cependant madame de Lucillière, suivant Horace, était entrée dans la bibliothèque.

— J'attendrai ici, dit-elle.

Elle s'assit sur un fauteuil, tandis qu'Horace arrangeait les lampes.

— Il y a une question que je n'ai pas encore pu vous faire, dit-elle : comment se porte le colonel?

— Bien, madame la marquise.

— Il n'a pas été souffrant, à son arrivée en Suisse?

— Souffrant, non pas précisément, cependant il n'était pas à son aise.

— Se plaignait-il?

— On pourrait mettre mon colonel sur un gril, avec un bon feu sous lui, le tourner et le retourner comme on a fait pour saint Laurent, il ne se plaindrait pas. Du reste, madame la marquise l'a vu à Chalençon, elle l'a soigné, et elle sait mieux que personne si ce beau coup de couteau qui lui avait fendu la poitrine lui a jamais arraché une plainte.

— Alors à quoi avez-vous vu qu'il n'était pas dans son état ordinaire? Vous avez pu vous tromper.

— J'aime mon colonel comme s'il était mon enfant : je ne me suis pas trompé. Il ne mangeait pas, il ne dormait pas, et toujours il restait absorbé comme s'il suivait la même pensée ; toujours, c'est-à-dire tant que je le voyais, car il passait ses journées entières à faire des courses dans les montagnes et souvent même il ne rentrait pas, couchant dans une grange ou un chalet.

— L'arrivée du prince Mazzazoli et de mademoiselle Belmonte a dû égayer cette sombre humeur?

— C'est avec plaisir que je les ai vus arriver; aussi j'ai tout fait pour les installer au Glion, ce qui n'a pas été facile.

— Le colonel ne leur avait pas retenu un appartement?

— Mais mon colonel ne savait pas qu'ils devaient venir en Suisse, et même, s'il l'avait su, il aurait quitté le Glion; c'est ce qu'il a voulu faire, quand il a appris leur arrivée.

— Et peu à peu il s'habitua à la présence de Carmelita?

— Cette présence lui fit du bien. Malgré lui il fut obligé

de parler, de se distraire; il mangeait à la même table que le prince.

— Et que Carmelita?

— Mademoiselle Belmonte l'accompagnait souvent dans ses excursions. Elle marche très bien, mademoiselle Belmonte, et les ascensions ne lui font pas peur; elle n'est pas comme son oncle, qui, j'en suis sûr, n'a pas fait cent mètres au delà du jardin de l'hôtel.

— C'était en tête à tête que le colonel et Carmelita faisaient ces excursions; cela a duré longtemps, c'est-à-dire ce séjour s'est prolongé?

— Oui, assez longtemps. Mais tout à coup, sans que rien le fasse prévoir, mon colonel a quitté le Glion. La veille, par une journée d'orage terrible, le colonel et mademoiselle Carmelita avaient fait une longue course dans la montagne, et ils n'étaient rentrés à l'hôtel que le soir tard. Le lendemain matin, au petit jour, mon colonel partait, sans prévenir personne, sans même me laisser un mot. Nous voilà tous bien inquiets. Le prince voulait qu'on fît des recherches dans la montagne, craignant un accident; moi, j'en ai fait au chemin de fer, et j'ai appris que mon colonel était parti pour Genève. Les jours s'écoulèrent, il ne revint pas; il n'écrivait pas, ni au prince, ni à moi.

— Où était-il?

— J'ai su plus tard qu'il avait été en Italie, aux environs de Florence et de Rome; puis, de l'Italie, il était revenu à Paris. Ce fut de Paris qu'il m'écrivit et m'envoya trois lettres : une pour le prince, une pour madame la comtesse Belmonte; une pour mademoiselle Carmelita. Dans ses lettres, il paraît qu'il demandait mademoiselle Carmelita en mariage. Est-ce assez bizarre?

Mais la marquise ne trouvait pas cette conduite bizarre; au contraire, elle s'expliquait comme les choses s'étaient passées, depuis l'arrivée de Carmelita au Glion jusqu'au départ du colonel, et son expérience féminine suppléait aux lacunes qui se trouvaient dans le récit d'Horace.

La chance lui avait été favorable en ne lui permettant pas d'entrer par la petite porte.

A ce moment, une voiture roula sur le sable de la cour et s'arrêta devant le perron.

— Mon colonel, dit Horace en voulant descendre.

Mais la marquise le retint.

VIII

Tout à coup une porte claqua dans la chambre, le colonel était rentré.

Sans parler, madame de Lucillière fit un signe à Horace, et celui-ci sortit aussitôt, ouvrant et refermant la porte avec précaution.

Madame de Lucillière ramena son voile sur son visage et, s'étant enveloppée dans son manteau, elle attendit debout, les yeux fixés sur la porte de la chambre

Mais les minutes s'écoulèrent, sans que le colonel parût et même sans qu'on entendit aucun bruit.

Doucement et marchant sur la pointe des pieds elle s'avança vers la porte de la chambre. Un des battants était ouvert, mais une tapisserie fermait le passage et empêchait de voir ce qui se passait dans la chambre.

Assis dans un fauteuil, le colonel se tenait la tête appuyée dans sa main gauche, comme un homme qui réfléchit.

Elle écarta la portière et entra.

Le bruit de l'étoffe et le bruissement de la robe de la marquise frappèrent le colonel, qui releva lentement la tête et regarda machinalement du côté d'où venaient ces bruits

A la vue de cette femme voilée qui s'avançait vers lui, il tressaillit.

— Qui est là ? dit-il.

Elle ne répondit pas, mais d'un geste brusque elle releva son voile ; en même temps, elle jeta loin d'elle le manteau qui l'enveloppait.

Dans tous ses mouvements, il y avait quelque chose de théâtral, et son entrée ressemblait jusqu'à un certain point, à celle d'un premier rôle.

Le voile relevé d'une main, le manteau jeté d'une autre, avaient une couleur d'opéra-comique qui amusait la marquise.

— Henriette ! s'écria-t-il en se levant de son fauteuil.

— Non, pas Henriette ! mais la marquise de Lucillière.

— N'avez-vous pas reçu l'envoi que je vous ai fait avant mon départ ? dit-il.

— Je l'ai reçu.

— Et vous n'avez pas compris pourquoi je quittais Paris ?

— Longtemps je suis restée sans comprendre, mais enfin ma raison a pu admettre la possibilité de l'erreur dont vous étiez victime.

— Une erreur !

Elle inclina la tête par un geste qui en disait plus que toutes les paroles et qui signifiait clairement que cette erreur était si grande qu'on ne pouvait trouver de mots pour la qualifier ?

— Votre buvard...

— Oui, c'est ce buvard, mais non mon buvard, comme vous dites, qui m'a fait comprendre comment vous aviez pu être trompé.

Il la regarda en face longuement, profondément ; elle ne détourna pas les yeux.

— Je pourrais, dit-elle, vous montrer, vous prouver combien grossière a été votre erreur ; mais ce n'est pas pour cela que je suis venue, et, comme mes moments sont comptés, je n'ai pas de temps à perdre dans une démonstration maintenant superflue. C'est de vous que je veux vous entretenir, c'est pour vous que je suis ici, pour vous seul, non pour moi, pour votre bonheur, et aussi pour le bonheur des autres.

Disant cela, elle attira une chaise et s'assit en face de lui.

— Permettez-moi de vous dire que je ne comprends pas le but d'une visite qui doit vous être pénible et qui pour moi est horriblement douloureuse.

— Tout à l'heure vous saurez ce qui m'a inspiré cette démarche, qui ne peut pas être aussi cruelle pour vous qu'elle l'est pour moi; car enfin je rentre dans une maison d'où j'ai été chassée et je parais devant un homme qui m'a infligé l'injure la plus atroce qui puisse atteindre une femme. Je ne me suis point cependant laissée arrêter par le souvenir de cette injure, et je suis venue. Que vous vous mariiez, je vous répète, c'est bien. Je ne serais pas sincère si je vous disais qu'en apprenant cette nouvelle de la bouche de gens qui me la jetaient pour m'en accabler, je n'ai pas souffert : ma surprise a été profonde, mon saisissement a été terrible. J'ai éprouvé un moment de défaillance, et je crois que j'ai perdu un peu la tête; mais cela est sans importance, il ne doit pas être question de moi, et, si je vous parle de ce saisissement et de ce trouble, c'est pour que vous voyiez comment j'ai été entraînée dans cette démarche. Si, après m'avoir appris votre mariage, on m'avait dit que vous preniez pour femme votre jeune cousine, j'aurais continué de penser qu'il n'y avait dans ce mariage rien que de naturel. En effet, cette jeune fille est charmante, elle est douée de toutes les qualités qui peuvent rendre un homme tel que vous pleinement heureux, et de plus elle vous aime. J'ai vu cette jeune fille, je l'ai entretenue, je l'ai fait parler, je l'ai observée près de vous, j'ai vu les regards qu'elle attachait sur vous, j'ai entendu sa voix lorsqu'elle vous parlait, j'ai fait exprès l'expérience de la jalousie que je pouvais lui inspirer, et je vous répète, je vous affirme qu'elle vous aime. Soyez certain que lorsqu'une femme aime un homme d'un amour tel que celui que j'ai éprouvé pour vous, elle ne se trompe pas sur la nature des sentiments des autres femmes qui aiment sincèrement cet homme ou qui veulent s'en faire aimer : on sent une rivale et l'on ne se trompe pas. Thérèse était ma rivale, elle vous aimait, elle vous aime, et, telle que je la connais, elle vous aimera toujours. J'ai donc cru que vous l'épousiez et que vous réalisiez ainsi le vœu de votre père mourant. Mais je me trompais. Ce n'est point la jeune fille qui vous aime que vous prenez pour femme, ce n'est point Thérèse Chamberlain, la douce, l'honnête, la pure, la charmante petite Thérèse, qui offrirait sa vie pour vous donner une journée de bonheur; c'est Carmelita, c'est la nièce du prince Mazzazoli. Ce nom, quand je l'ai appris, m'a dit ce que je devais faire.

— Ce mariage est arrêté, et rien, absolument rien, ne changera ma résolution ; je ne suis jamais revenu sur ma parole donnée.

— Je n'ai jamais eu la prétention de changer votre résolution ; je veux l'éclairer, voilà tout. Je veux accomplir ce que je crois un devoir, et je l'accomplirai.

Il se leva.

En même temps, elle se leva aussitôt et se plaça devant lui.

Puis, s'approchant au point qu'il sentit son souffle :

— Emploierez-vous la violence pour me forcer à quitter cette maison ? Vous me connaissez, et vous savez si l'on peut me faire abandonner une résolution quand je l'ai arrêtée. Moi aussi, je veux ce que je veux ; je veux vous parler, et je vous parlerai ici ou ailleurs, peu importe. Aussi ce mariage ne se fera-t-il pas avant que vous ayez entendu ce que j'ai à vous dire.

Durant quelques secondes, ils se regardèrent les yeux dans les yeux.

Puis il se rassit, ayant compris que, quoi qu'il voulût tenter, il n'échapperait pas à cet entretien ; après tout, le mieux était de le subir et d'en finir.

Elle reprit :

— Vingt fois, cent fois, je vous ai dit que le prince Mazzazoli voulait vous faire épouser sa nièce et qu'il ne reculerait devant rien pour obtenir ce résultat. J'avoue cependant que je ne le croyais pas capable de recourir aux moyens qu'il a employés.

Le colonel ne broncha pas ; il s'était appuyé la tête sur sa main, et il restait dans l'attitude d'un homme qui écoute par convenance ce qu'on lui dit, mais qui ne l'entend pas.

— J'aurais voulu, continua madame de Lucillière, ne pas revenir sur ces feuilles de buvard qui ont amené notre rupture, cependant je suis obligée de le faire.

— Je vous en prie...

— Soyez assuré que mon but n'est pas de me disculper. Au moment où ces feuilles de papiers sont venues entre vos mains, j'aurais pu vouloir, si vous me les aviez communiquées, vous prouver que je n'avais pas écrit ces lettres, cette preuve, je vous l'aurais donnée pour assurer notre amour ; mais, maintenant que cet amour est mort, qu'importe que je fasse cette preuve ? au moins qu'importe pour moi ? Ai-je cherché à la faire jusqu'à ce jour ? Vous ai-je écrit en Suisse ? Ai-je été vous trouver pour vous montrer que vous étiez victime d'une infâme machination ? Non, n'est-ce pas ? Vous avez pu me soupçonner, vous avez pu admettre que j'avais écrit ces lettres ? vous avez cru vos yeux au lieu de croire votre cœur. Vous ne m'aimiez plus ; je n'avais qu'à m'enfermer dans le silence, ce que j'ai fait. Mais, à cette heure, il ne s'agit plus de moi, il s'agit de vous, et je parle.

Le bras du colonel était appuyé sur une table portant une papeterie et un encrier.

Vivement la marquise prit une feuille de papier, et, ayant trempé la plume dans l'encrier, elle traça quelques lignes.

Puis elle les tendit au colonel.

Il lut :

» Dites-vous bien que je vous aime.

» HENRIETTE. »

» A vendredi, votre vendredi.

» HENRIETTE. »

« Je ne veux pas croire que vous douterez un moment » de la tendresse, faut-il dire de l'amour de votre

» HENRIETTE. »

— Vous rappelez-vous avoir déjà lu ces lignes? demanda madame de Lucillière. Oui, n'est-ce pas? et je comprends, hélas! que vous ne les ayez pas oubliées, ayant eu la faiblesse de croire qu'elles étaient de moi. Ces lignes étaient celles qui se lisaient sur le buvard que vous m'avez envoyé. Voulez-vous vous rappeler maintenant l'écriture de ces lignes imprimées sur ce buvard et les comparer à celles que je viens de tracer sur ce papier? Comparez, regardez.

Mais au lieu de regarder le papier qu'elle lui plaçait devant les yeux, il la regarda elle-même.

— Où je veux en arriver, n'est-ce pas, dit-elle, c'est là ce que vos yeux demandent? A ceci : nous avons été l'un et l'autre victimes de gens qui voulaient rompre notre liaison, et vous, vous avez été leur dupe. Comment avez-vous pu vous laisser tromper de cette façon grossière? Comment avez-vous pu croire vos yeux au lieu de croire votre amour? C'est ce que je me demande, et la seule réponse, hélas ! qui se présente, c'est que cet amour était bien peu puissant, puisqu'il n'a pas élevé la voix dans votre cœur pour crier : « Ces feuilles mentent. Non, Henriette n'est pas capable d'avoir écrit ces lettres. » Étant à votre place et recevant moi-même ces lettres qu'on m'aurait dit écrites par vous, c'est assurément le cri qui me serait échappé ; jamais je n'aurais admis que l'homme que j'aimais avait pu écrire ces lettres. Tout en moi aurait protesté contre ses accusations : mon amour, ma foi en lui, le souvenir de ses caresses. J'aurais cherché qui avait intérêt à lancer ces accusations, j'aurais voulu voir sur quoi elles s'appuyaient. J'aurais examiné cette écriture, j'aurais interrogé la vraisemblance et les probabilités. Quelle idée vous faites-vous donc, je ne dis pas de moi, mais des femmes en général, pour admettre comme possible et comme vraisemblable une pareille accusation? Mais on l'eût portée contre une inconnue, cette accusation monstrueuse, que vous auriez protesté, j'en suis certaine, et, parce qu'elle s'adressait à moi, vous l'avez crue! Avais-je tort de dire tout à l'heure que cet amour était bien peu puissant. Ah ! Édouard !

Elle cacha son visage entre ses mains, étouffée par l'émotion ; mais entre ses doigts, qui n'étaient pas étroitement serrés les uns contre les autres, elle regarda d'un rapide coup d'œil le visage du colonel : il était bouleversé.

De même qu'elle l'avait laissé tout d'abord à son irrésolution, elle le laissa maintenant à son trouble.

Puis, après un moment de silence assez long, elle reprit :

— Je vous demande pardon d'avoir cédé à cet entraînement ; en venant ici, je ne voulais pas vous parler de moi, et je ne l'ai fait que pour appeler votre attention sur cette manœuvre et vous montrer d'où elle venait et où elle tendait. La passion, les souvenirs, la douleur, l'indignation, ont été plus forts que ma volonté; j'ai parlé de moi, de vous, de nous, de notre amour. Oubliez ce que j'ai dit, et revenons à l'auteur de cette accusation. Quel est-il? Le prince Mazzazoli.

Il leva la main.

— Vous avez admis les accusations les plus infâmes contre moi, s'écria-t-elle; vous écouterez celles que je porte moi-même maintenant. Ce n'est pas à la lettre anonyme que j'ai recours, ce n'est pas à l'insinuation; je viens à vous franchement, à visage découvert, et je vous dis qui j'accuse. Si vous trouvez des raisons valables pour repousser mon accusation, vous me les donnerez, et je les écouterai. Que n'avez-vous fait ainsi, lorsqu'il s'agissait de moi? Que n'êtes-vous venu, ce buvard à la main? Je vous aurais répondu, vous m'auriez écoutée, et aujourd'hui... Mais ne cherchons pas à voir ce qui serait résulté de cette explication, puisque l'irréparable, hélas! est accompli. Je reviens encore à l'auteur de cette accusation et pour ne plus le quitter. Je vous affirme, je vous jure, vous entendez bien? je vous jure que la main qui a écrit la lettre anonyme accompagnant les feuilles de buvard est la main du prince Mazzazoli. Vous n'avez pas plus cherché à savoir, n'est-ce pas, de qui était l'écriture de cette lettre que vous n'avez cherché à savoir de qui était l'écriture qui avait laissé ses empreintes sur le buvard? Moi, j'ai fait cette recherche et j'ai trouvé la main du Mazzazoli. Cela, encore une fois, je vous le jure! Regardez-moi et voyez si je vous trompe.

Elle était devant lui, le bras étendu; il baissa les yeux. Elle reprit:

— Que vous n'ayez pas, au moment où vous receviez cette lettre, porté vos soupçons sur le prince, je le comprends jusqu'à un certain point; il y avait tant d'infamie dans cette lâche dénonciation, que votre cœur s'est refusé à croire qu'un homme que vous connaissiez et dont vous serriez la main pouvait en être coupable. Malgré les charges qui, dans votre esprit, devaient s'élever contre le prince, vous avez pu, je le reconnais, conserver quelques faibles doutes ; mais depuis, est-ce que ces doutes n'ont pas disparu sous la clarté de l'évidence ! Vous partez, vous vous cachez ; personne ne sait où vous êtes. Le prince le découvre, lui. Il arrive au Glion, il s'installe près de vous; il installe sa nièce dans la chambre voisine de la vôtre, porte à porte. Quand vous voulez partir, il s'arrange pour rendre votre départ impossible ; il vous force à manger à la même table que lui, près de Carmelita. Puis arrivent les promenades dans la montagne, les longs tête-à-tête, les confidences, les épanchements de cette belle fille. Que s'est-il dit dans ces tête-à-tête, quelles leçons Carmelita vous a-t-elle répétées ? Bien entendu, je l'ignore et n'ai point la prétention de chercher à l'apprendre. Que m'importe ? Il me suffit que vous vous rappeliez, vous, ce qui s'est dit alors pour que vous trouviez vous-même l'influence et les leçons du prince dans les paroles, comme dans les actions de son élève. Dans cette journée d'orage, que s'est il passé encore ? On ne me l'a pas dit, vous devez bien le penser ; mais je le sais comme si j'en avais été témoin : Carmelita a eu peur, n'est-ce pas ? et le lendemain vous êtes parti, ayant peur à votre tour. Puis, comme vous êtes un honnête homme, vous êtes revenu et vous avez voulu prendre Carmelita pour votre femme. Maintenant pouvez-vous me dire que ce n'est pas le prince Mazzazoli qui est l'auteur de notre séparation, et ne voyez-vous pas, depuis ce jour jusqu'à ce moment, le rôle qu'il a joué ? C'était ce rôle que je voulais vous faire toucher du doigt. Maintenant j'ai fini et je vous prie de me conduire à la petite porte par laquelle je sortais autrefois.

Elle s'était levée.

Il hésita un moment ; puis, à son tour, il se leva, et, prenant une lampe, il la précéda dans le petit escalier qui descendait à la galerie aboutissant à la rue de Valois.

Ils marchèrent sans échanger un seul mot,

Arrivé à la porte, le colonel tira le verrou et l'ouvrit.

— Où est Tom? dit-il.

— Tom ne m'attend pas.

— Je vais vous conduire alors.

Pendant que ces quelques mots s'échangeaient, elle était sortie sur le trottoir.

— Non, dit-elle.

Poussant elle-même la porte, elle la lui ferma sur le nez.

IX

Malgré les lettres écrites sous les yeux du prince Mazzazoli, madame de Lucillière avait éprouvé pour le colonel Chamberlain une véritable tendresse et elle l'avait aimé, au moins comme elle savait, comme elle pouvait aimer.

Si difficile que la conciliation de ces lettres et de cet amour puisse être aux yeux de certaines personnes, il n'en est pas moins vrai qu'elle s'était faite pour madame de Lucillière, qui écrivait ces lettres sans aucun scrupule, et qui cependant aimait sincèrement « son Huron. »

Seulement elle ne l'aimait point exclusivement, encore moins l'aimait-elle fidèlement.

L'amour ainsi compris peut paraître bizarre, invraisemblable, incompréhensible, cependant madame de Lucillière était ainsi.

Bien qu'elle eût aimé le colonel, bien qu'elle l'aimât encore, elle ne voulait point écarter Carmelita ou Ida pour prendre leur place.

Le lien qui les attachait l'un à l'autre était brisé et rien ne pourrait le rattacher : jamais sa fierté n'eût supporté les soupçons d'un amant qui pouvait à juste droit se montrer jaloux.

Ce n'était donc point pour elle qu'elle voulait arracher le colonel à Carmelita et à Ida.

C'était pour Thérèse. Le mariage lui plaisait. D'abord il avait quelque chose d'extraordinaire, qui amusait son esprit... Une fille du faubourg Saint-Antoine femme du riche colonel Chamberlain, cela était drôle, original et romanesque. Et puis cette jeune fille ne serait pas, aux yeux du monde, une rivale comme Carmelita ou comme Ida. On ne dirait pas : « Le colonel Chamberlain a quitté madame de Lucillière pour épouser la belle Carmelita ; » on dirait « Le colonel Chamberlain, quitté par madame de Lucillière, a épousé une petite cousine pauvre, que son père mourant lui avait demandé de prendre pour femme. »

Enfin à ces considérations s'en joignait une dernière, prise à une meilleure source : Thérèse lui avait plu, elle avait éprouvé pour cette petite fille une réelle sympathie, et elle voulait faire son bonheur. Évidemment cette petite aimait son cousin, et, toute question de fortune à part, elle devait rêver ce mariage, sans oser l'espérer.

Il est toujours agréable de jouer le rôle d'une bonne fée, et madame de Lucillière voulait se donner cette satisfaction.

D'un côté, elle ferait le bien; de l'autre elle ferait le mal. Pour elle, ce serait un bonheur complet, si elle réussissait.

Mais réussirait-elle ?

Et le baron Lazarus remplirait-il bien dans cette pièce le rôle qu'elle lui avait confié !

Les moyens à employer pour rompre ce mariage qu'on lui annonçait comme arrêté, le baron Lazarus ne les voyait pas en sortant de la loge de madame de Lucillière.

Mais il ne s'en inquiéta pas autrement, espérant bien trouver quelque chose avec la réflexion.

En effet, il n'était pas l'homme de l'improvisation, et il ne se lançait jamais dans une affaire avant d'en avoir examiné le fort et le faible.

Il redescendit donc à sa place, et ceux qui le virent, assis dans son fauteuil, écouter la musique de *Robert*, ne se doutèrent pas des idées qui roulaient dans sa tête.

Un mélomane ravi dans une douce béatitude, rien de plus.

— Voyez donc le baron Lazarus !...

— Je croyais qu'il espérait faire épouser la blonde Ida par le colonel Chamberlain?

— S'il en était ainsi, il faut convenir que ce projet ne lui était pas bien cher, car il paraît tout à fait indifférent à l'annonce du mariage du colonel et de la belle Carmelita.

— Évidemment il ne pense qu'à la musique.

A ce moment, le baron, comme s'il eût voulu confirmer ces paroles, se pencha contre son voisin.

Robert éperdu, venait de lançer son cri désespéré :

Si je pouvais prier !

— *Tief eingreifende musik!* dit le baron.

— Profonde en effet, répliqua le voisin, admirable.

Et le baron sortit l'un des derniers, souriant à tous et donnant de cordiales poignées de mains à ses amis.

Il s'en alla à pied, le long des boulevards, les mains derrière le dos, donnant un coup de tête affectueux à ceux qui le saluaient.

Le lendemain de bonne heure le baron se présenta à l'hôtel Chamberlain, et, comme on ne voulait pas le recevoir, il força la porte pour arriver jusqu'à son ami, son cher ami, le colonel Chamberlain, qu'il tenait à féliciter, à l'occasion de son prochain mariage avec la belle Carmelita.

— Enchanté, positivement enchanté. Vous êtes, vous et elle, chacun de votre côté, deux puissances, deux forces de la nature : vous par la fortune, elle par la beauté. Vous deviez donc vous allier un jour, c'était écrit, et laissez-moi vous dire, cher ami, que vous accomplissez un devoir social.

Puis il développa longuement ce compliment philosophique avec des considérations un peu obscures peut-être, mais en tout cas très profondes.

— Quelle femme était plus digne de la fortune que Carmelita? Il n'en voyait pas. On pouvait dire qu'elle était née pour les diamants et les pierreries, et c'était un bonheur, un vrai bonheur, une harmonie de la nature, que son mariage les lui donnât. Car, dans un autre mariage, cette loi d'harmonie eût été violée : il se fût trouvé des contre-sens entre la femme et la position. C'était pour briller, pour éblouir, que la Providence l'avait créée, et, s'il elle n'avait point été sur un piédestal, elle eût été déclassée. De là une vie malheureuse pour elle aussi bien que pour son mari, car elle n'eût pas pu donner à celui-ci les joies de la famille, du ménage, du pot-au-feu.

Le colonel écoutait ces félicitations avec ennui; car, après la nuit qu'il venait de passer, il n'était pas disposé à la patience. Mais le baron était un homme qui ne se laissait pas démonter, quand il avait enfourché un dada.

Il tenait à prouver que Carmelita n'était qu'une belle statue, bonne à parer de bijoux et de pierreries, qui donnerait à son mari toutes les satisfactions de la vanité mondaine, sans rien autre chose, et il poursuivait sa démonstration assez habilement, sans rien dire de blessant, au moins d'une façon directe.

Mais il n'était pas venu seulement pour féliciter le colonel à propos de son mariage, il voulait encore le prier à dîner pour le lundi suivant: il s'agissait de fêter son propre anniversaire, et la fête ne serait pas réussie, si le colonel, si ce brave colonel, si ce cher ami, ne l'honorait pas de sa présence. Il était venu pour la fille, ne viendrait-il pas pour le père? Et puis, au moment de ce mariage, il fallait resserrer leurs relations, afin qu'elles se continuassent après d'une façon suivie et intime ; il ne serait pas mauvais pour Carmelita de voir souvent Ida, qui serait quelquefois de bon conseil et qui en tout cas, par sa simplicité, serait de bon exemple.

Si le baron était un homme qu'il fallait écouter quand même, c'était aussi un homme qu'on ne pouvait pas refuser.

Le colonel dut, de guerre lasse, accepter cette invitation à dîner.

Et le baron s'en alla, satisfait, continuer ses félicitations auprès du prince Mazzazoli.

En agissant ainsi, il n'avait pas de but déterminé et ne savait pas trop ce qu'il cherchait; mais il cherchait, ce qui était quelque chose.

Il cherchait, il guettait.

En regardant, en écoutant, en apostant des gens habiles dans l'art de regarder et d'écouter, il devait bien, pendant ces trois semaines, découvrir un indice sur lequel il pourrait bâtir son plan d'attaque. Si le prince possédait une grande finesse, Carmelita était assez naïve, la comtesse n'était pas très-forte, et le colonel était assez ouvert pour ne rien cacher.

La première chose à faire, c'était d'être près d'eux, prêt à profiter des occasions qui se présenteraient ou qu'on provoquerait, si elles tardaient trop à naître spontanément.

Bientôt le baron arriva aux Champs-Élysées; mais,

avant de monter à l'appartement du prince, il voulut demander quelques renseignements au concierge : on apprend beaucoup en causant avec les uns et les autres, les petits aussi bien que les grands.

Malheureusement le concierge n'était pas disposé à la conversation : c'était un personnage digne, qui ne se familiarisait pas avec le premier venu. Le baron n'en put rien tirer, si ce n'est que le prince était sorti avec la comtesse, que la vieille Marietta était dehors, et que mademoiselle Belmonte était seule.

Cela n'était pas pour contrarier le baron; Carmelita seule, il la ferait plus facilement parler et peut-être pourrait-il tirer quelque chose de sa naïveté.

En arrivant à la porte de l'appartement, le baron la trouva entre-bâillée.

Surpris, il s'arrêta un moment, se demandant ce que cela signifiait.

Comme il se posait cette question, il entendit un bruit de voix dans l'intérieur de l'appartement, arrivant jusqu'au palier par les portes restées ouvertes.

Une de ces voix était celle de Carmelita, qu'il reconnut facilement; l'autre était une voix d'homme qu'il ne se souvenait pas d'avoir entendue.

On parlait sur le ton de la colère et de la dispute.

— Je vous dis que j'empêcherai ce mariage, criait la voix d'homme avec fureur.

— Vous ne ferez pas cela, répliqua Carmelita avec moins d'emportement.

— Je le ferai si vous ne le faites pas vous-même, je vous en donne ma parole; réfléchissez à ce que je vous dis, vous êtes prévenue. Adieu.

Pour ne pas être surpris devant cette porte, écoutant, le baron monta rapidement quelques marches de l'escalier, comme s'il se rendait à un étage supérieur.

Presque aussitôt un homme tira la porte de l'appartement du prince et la referma derrière lui avec fracas.

Le baron s'était à demi retourné, mais il ne connaissait pas celui qui venait de tirer cette porte : c'était un homme de quarante-cinq ans environ, à barbe noire très-épaisse lui couvrant le visage ne laissant voir qu'un nez proéminent et deux yeux ardents; il était vêtu simplement, mais convenablement.

Le baron descendit derrière lui, pour demander au concierge quel était cet homme.

Mais en chemin la réflexion lui vint que le concierge ne connaissait peut-être pas cet homme, ou que le connaissant il ne voudrait peut-être pas plus parler maintenant qu'il ne l'avait voulu quelques instants auparavant.

Il renonça donc à l'interroger et se mit à suivre cet inconnu.

Marchant derrière lui, il l'étudiait et il était à peu près certain de ne pas le perdre dans la foule: il avait vu sa tête; il le voyait de dos; il notait sa démarche, il le reconnaîtrait sans confusion possible.

Marchant tout d'abord avec cette rapidité fiévreuse qui résulte de la colère, il avait peu à peu ralenti le pas, et, par les Champs-Élysées, il se dirigeait vers l'intérieur de Paris, sans se retourner et sans se douter assurément qu'il était suivi,

Il prit la rue Royale, le boulevard de la Madeleine, la rue Neuve-Saint-Augustin, sans que le baron le perdît de vue.

Arrivé devant une maison de cette rue, dont la porte et l'entrée étaient couvertes d'écussons et d'enseignes de commerçants, il entra dans cette maison.

Le baron arriva une minute après lui, et, ayant regardé les écussons, se dirigea vers la loge du concierge.

— Est-ce que ce n'est pas M. Durand que je viens de voir rentrer? dit-il poliment en ôtant son chapeau.

Il venait de prendre ce nom de Durand sur un écusson.

— Non, monsieur, répondit le concierge; c'est M. Lorenzo Beio.

Sans en attendre davantage, sans demander si M. Durand était ou n'était pas chez lui, le baron se retira.

Ainsi l'homme qui pouvait empêcher le mariage du colonel était Lorenzo Beio, le maître de chant de Carmelita, dont il avait souvent entendu parler.

Cela suffisait pour ce jour-là, plus tard, on verrait comment tirer parti de ce renseignement.

Et aussi comment utiliser ce nouvel allié.

X

En revenant à Paris, le colonel s'était dit que la première visite qu'il ferait, serait pour son oncle et sa petite cousine.

Ils étaient sa famille, toute sa famille; il leur annonçait son mariage et les invitait à y assister.

Mais les paroles de madame de Lucillière modifièrent ce projet.

S'il était vrai que Thérèse l'aimât, est-ce que ce ne serait pas cruauté d'aller annoncer à cette pauvre petite un mariage qui la désolerait?

Sans doute elle connaîtrait ce mariage, car il était impossible de le lui cacher; mais ce n'est pas du tout la même chose d'apprendre une pareille nouvelle par hasard, ou directement de la bouche même de celui qui se marie.

Décidément il valait mieux ne pas aller les voir; il écrirait.

Et, le coup porté par une lettre, — s'il était vrai que son

mariage dût porter un coup à Thérèse, — il irait faire sa visite.

Un matin, qu'il réfléchissait à cette lettre, — car il ne l'oubliait pas, et comme toutes les lettres retardées qu'on doit écrire et qu'on n'écrit pas, celle-là s'imposait souvent à son esprit pour le relancer et le tourmenter, — un domestique vint lui annoncer que M. Antoine Chamberlain demandait à le voir.

Il descendit vivement au premier étage et courut à son oncle, les mains tendues.

— Heureux de vous voir, mon cher oncle, dit le colonel.

— C'est pour cela que je me suis dépêché de venir vous demander à déjeuner, si je ne vous dérange pas.

— Jamais, vous le savez bien. Nous déjeunons donc ensemble.

— En tête-à-tête, n'est-ce pas? comme la dernière fois.

— Vous avez à me parler?

— Oui, et vous, de votre côté, n'avez-vous rien à me dire?

Ces paroles d'Antoine causèrent une vive surprise au colonel. Pourquoi son oncle se doutait-il qu'il voulait l'aller voir? et pourquoi aussi avait-il tenu à prévenir cette visite?

Le colonel sonna pour donner des ordres; puis, revenant à son oncle :

— Ma petite cousine va bien, j'espère?

— Pas trop, mais ce ne sera rien : un peu de fièvre.

Thérèse souffrante : qui causait cette fièvre?

Il y avait une autre question que le colonel avait sur les lèvres et qu'il retenait, ne sachant trop comment la poser;

cependant il se risqua, sachant combien vivement le sujet auquel elle se rapportait préoccupait et tourmentait son oncle.

— Avez-vous eu des nouvelles de l'affaire de... mon cousin? dit-il enfin, se servant du mot « mon cousin » pour atténuer ce qu'il pouvait y avoir de pénible pour son oncle dans cette interrogation.

— Oui, et de bonnes; au moins sont-elles bonnes pour mon égoïsme de père. On renonce à poursuivre l'affaire; les présomptions du juge d'instruction ne reposent sur rien de précis. On ne trouve pas de preuves, votre assassin a emporté le nom de ses complices dans sa tombe, et, comme la police n'a pu mettre la main sur le *Fourrier*, décidément introuvable, il n'y a pas de charges contre celui que vous appelez votre cousin; il peut rentrer en France.

A ce moment, on vint prévenir le colonel que le déjeuner était prêt; ils passèrent dans la salle à manger, où le couvert était mis comme le jour où il avait été question entre eux du mariage de Thérèse avec Michel, c'est-à-dire que la table était servie de telle sorte qu'ils n'auraient pas besoin de domestiques autour d'eux, et qu'ils pourraient causer librement, en tête-à-tête, comme l'avait demandé Antoine.

Celui-ci s'assit à sa place et, ayant déplié sa serviette, il commença par se verser un plein verre de vin; puis, emplissant aussi le verre de son neveu, il regarda un moment le colonel en souriant:

— Avant tout, dit-il, en levant son verre, je veux boire à votre mariage, mon cher Édouard.

— Vous savez?...

— Eh oui! je sais. A votre santé, mon neveu, et à la santé de ma nièce, que je ne connais pas, mais qui, j'en suis certain, doit être digne de vous, et qui vous donnera le bonheur que vous méritez.

— Ah ! c'est par les journaux que vous avez appris mon mariage ?

— C'est-à-dire que ce n'est pas moi qui l'ai appris, c'est Thérèse.

— Qu'a-t-elle dit en lisant cette nouvelle, un peu bien surprenante, n'est-ce pas ?

— Elle n'a rien dit, et il est probable que nous ne la connaîtrions pas encore, si elle avait été seule à l'apprendre. Était-ce cette annonce qui avait donné la fièvre à Thérèse ? Il était impossible de poser des questions directes à ce sujet, et en réalité le plus court, était de procéder avec ordre, surtout avec patience.

— Hier soir, avant le souper, Michel était sorti ; en rentrant, il rapporta un journal, et, comme le souper n'était pas tout à fait prêt, en attendant il se mit à lire ce journal. Tout à coup il pousse une exclamation qui nous fait lever la tête à tous : Thérèse, Denizot, Sorieul et moi. Nous le regardons, et Sorieul demande ce qu'il y a de si extraordinaire dans le journal. Thérèse et moi, nous ne demandions rien : Thérèse, vous saurez pourquoi tout à l'heure; moi, parce que chaque fois que je lis les journaux, j'ai peur d'y trouver le nom de quelqu'un que vous connaissez. Sorieul voulut même prendre le journal, mais Michel ne le laissa pas faire. « C'est une nouvelle qui concerne votre neveu Édouard. »

« Pourquoi ne dites-vous pas tout de suite que mon cousin Édouard se marie ? » interrompit Thérèse. Vous pensez si à ce mot il y eut des exclamations; on voulut voir le journal, moi avant les autres. C'était vrai : je vis que vous épousiez mademoiselle Carmelita Belmonte, nièce du prince Mazzazoli. Là-dessus Sorieul nous dit que les princes Mazzazoli avaient joué un rôle dans l'histoire des républiques d'Italie, et il en eut pour un moment à nous citer les livres qui parlaient des ancêtres de votre future. Pendant qu'il faisait son récit, une réflexion me traversait l'esprit : comment Thérèse avait-elle appris votre mariage avant tout le monde? Je lui posai ma question, et elle me répondit qu'elle avait lu le matin même cette nouvelle dans le *Sport*. « Tu l'as lue ce matin, et tu ne nous l'as pas communiquée? s'écria Sorieul ; voilà qui est un peu fort. » Il se fâcha contre elle. Moi, je ne me fâchai point, mais je lui demandai pourquoi elle nous avait tu cette nouvelle, qui pour nous tous était cependant intéressante. » J'ai pensé que mon cousin viendrait nous l'annoncer lui-même et qu'il serait fâché de voir qu'il avait été prévenu. — Pendant le souper, il ne fut question que de votre mariage; chacun dit son mot, excepté Thérèse, qui ne dit rien du tout. Mais Sorieul ne la laissa pas tranquille; il se mit à la gronder, parce qu'elle lisait le *Sport*, disant qu'une fille dans sa position ne devait pas s'intéresser aux courses de chevaux, et là-dessus il prétendit que c'était vous qui l'aviez corrompue en la conduisant aux courses du bois de Boulogne.

— Vous ne croyez pas cela; je l'espère, mon oncle?

— Assurément non, c'est une idée comme il en pousse dans la tête de Sorieul, qui s'amuse à chercher la raison des choses et qui la trouve plus ou moins bien. Enfin Thérèse ne répondit rien, et la discussion finit. Après le souper, chacun sortit et je restai seul avec Thérèse; j'avais un travail pressé à écrire et je voulus m'y mettre, tandis que Thérèse s'installait comme à l'ordinaire auprès de ma table. Mais je n'étais pas en train, les idées ne me venaient pas, et je ne pouvais même pas trouver mes mots. Vous devez bien vous douter de ce qui me tourmentait : c'était le mariage de Thérèse. Depuis que vous aviez bien voulu venir avec nous au *Moulin flottant* pour entretenir Thérèse de mon projet, j'ai été condamné à un mois de prison? Le gouvernement, après avoir provoqué le mouvement ouvrier dans l'espérance de le diriger et de s'en servir pour faire peur à la bourgeoisie, a été pris de peur lui-même quand il a vu qu'il n'y aurait jamais rien de commun entre nous et lui. Vous me direz qu'il a été bien longtemps à faire cette découverte : cela est vrai, mais enfin il l'a faite, et, du jour où il a été éclairé à ce sujet, il a commencé à nous poursuivre; on m'a envoyé en police correctionnelle, et j'en ai eu pour un mois. Ce que le gouvernement favorisait la veille était devenu, du jour au lendemain, coupable. Il y a comme cela des coups de lumière qui éblouissent subitement tout le monde : le chef de l'État, les ministres, les juges. Par une chance remarquable, le jour même où je sortais de prison, Sorieul y entrait à son tour, s'étant fait condamner à trois mois.

— Sorieul !

— Pas pour la même chose. Vous devez vous rappeler que Sorieul disait toujours qu'il écrirait les grandes idées qu'il roulait dans sa tête quand le moment serait venu. Il s'est enfin décidé, il a écrit une brochure portant pour titre : *Les Césars par un César*. C'était une critique de la *Vie de César*, par Napoléon III, et si vive, si pleine d'allusions, que Sorieul a attrapé trois mois de prison. Un peu plus, Thérèse restait seule à la maison : ce que j'avais toujours redouté, vous devez vous en souvenir. Voilà pourquoi je dis que ça été une chance que Sorieul entrât en prison, le jour même où j'en sortais. Mais ce qui avait failli arriver pouvait se réaliser une autre fois ; car la prison, j'entends la prison politique, n'a jamais guéri personne. Ce n'était pas parce que les tribunaux m'avaient condamné qu'ils m'avaient fait renoncer à la lutte : j'ai continué ma tâche, nous avons continué notre organisation en l'étendant, et en ce moment je suis sous le coup de nouvelles poursuites. Il est donc probable que prochainement je vais de nouveau quitter la maison pour entrer en prison, et ce sera ainsi jusqu'à la fin de l'Empire ou jusqu'à ma fin : au plus vivant des deux. Vous me direz qu'il est bien malade, je l'espère ; mais il n'est pas mort, et il peut durer encore s'il ne lui arrive pas un accident. J'étais donc exposé à voir se réaliser mes craintes : Thérèse seule, car Sorieul est exaspéré et lui aussi ne tardera pas à se faire condamner de nouveau. La nouvelle de votre mariage m'avait inspiré l'idée de faire une nouvelle tentative auprès de Thérèse : cela me donnait une ouverture. Je lui expliquai notre situation et mes craintes, en la priant, en la suppliant de se décider enfin à me rassurer sur son avenir. Pendant longtemps elle refusa, et je dois même dire qu'elle le fit avec une violence que je ne lui avais jamais vue ; mais je ne me décourageai pas, j'insistai, et toute la soirée se passa dans cette lutte. Enfin elle céda.

— Ah ! elle a consenti !

— Elle a consenti, seulement elle veut attendre encore ; mais enfin elle a fixé une date : le 31 décembre 1870. Voilà pourquoi vous m'avez vu arriver la figure joyeuse. On peut m'envoyer en prison ; j'espère bien que Thérèse ne m'y laissera pas entrer sans prendre Michel pour mari, et qu'alors elle ne s'en tiendra pas à sa date. J'ai bu à votre mariage ; ne boirez-vous pas à celui de ma fille, mon neveu ?

Il devait épouser Carmelita.

Thérèse consentait à devenir la femme de Michel.

Les choses ainsi arrangées étaient pour le mieux, — puisqu'il n'y avait pas moyen qu'elles fussent autrement.

— Au mariage de Thérèse, dit-il, à son bonheur et au vôtre, mon oncle !

Le déjeuner s'acheva plus joyeusement qu'il n'avait commencé, au moins pour le colonel, tranquillisé dans sa conscience.

— Voulez-vous annoncer ma visite à ma petite cousine

pour tantôt, dit le colonel à son oncle lorsque celui-ci se leva pour se retirer; je tiens à lui prouver qu'elle avait deviné juste en pensant que je voulais moi-même vous faire part de mon mariage.

— Et qu'appelez-vous tantôt?

— L'heure de votre souper, et si vous le voulez bien, je vous demanderai de partager ce souper avec vous.

Maintenant que Thérèse se mariait, le colonel n'avait plus la même gêne à aller rue de Charonne; et puis elle connaissait son mariage, il n'aurait donc pas à le lui annoncer.

Il arriva un peu avant l'heure du souper et ce ne fut pas sans une certaine émotion qu'il monta l'escalier de son oncle.

Du palier, il n'entendit aucun bruit dans l'atelier, il poussa la porte et entra.

L'atelier était désert et sombre, il se dirigea vers la cuisine.

Mais dans l'obscurité, il accrocha un morceau de bois qui tomba et fit du bruit.

— Qui est là? demanda une voix, celle de Thérèse.

Il allait répondre quand la porte s'ouvrit et Thérèse parut tenant une lampe à la main.

— Ah! mon cousin, c'est vous! dit-elle.

C'était là le mot dont elle le saluait autrefois, mais il lui sembla qu'elle ne le jetait pas avec le même éclat joyeux.

Ils restèrent durant quelques secondes en face l'un de l'autre sans se parler.

Enfin il s'avança et lui tendit la main; elle lui donna la sienne.

Son aspect était en accord avec son accent: très pâle, avec les yeux ardents.

Le colonel crut remarquer qu'elle tremblait; mais,

comme elle avait posé sur la table la lampe, dont l'abat-jour était posé très bas, il la voyait mal et seulement dans l'ombre.

— Mon père n'est pas encore rentré, dit-elle ; mais il m'a envoyé un mot pour m'avertir que vous veniez souper avec nous, ce qui est bien aimable à vous. Alors, apprenant cela, Denizot a voulu vous servir un souper digne de vous, a-t-il dit, et il est sorti pour cela. Mon oncle Sorieul n'est pas non plus rentré, de sorte que je suis seule.

Le colonel remarqua qu'elle avait évité de nommer Michel; cependant, en regardant sur la table qui était mise, il vit six couverts, ce qui indiquait que Michel devait souper avec eux.

— Mon oncle m'a dit que vous attendiez ma visite; je vous remercie de n'avoir pas douté de moi.

— Comment aurais-je douté de vous, mon cousin? vous nous avez toujours témoigné une grande amitié.

— Si je ne suis pas venu plus tôt, c'est que je ne suis à Paris que depuis deux jours, et je ne sais comment cette indiscrétion à propos de... (il entassait les mots avant que d'arriver à celui qui était décisif), à propos de ce mariage, a pu être commise.

Elle ne répondit pas, et, comme il la regardait, elle leva la tête vers le plafond, de sorte qu'il ne put pas voir l'effet que ce mot avait produit sur elle.

Alors il reprit, décidé à en finir tout de suite :

— En même temps, mon oncle m'a communiqué une nouvelle qui le rend bien heureux, celle de votre mariage.

— Il est vrai, dit-elle d'une voix presque ferme, je me marie, je me suis rendue aux désirs de mon père. Vous a-t-il dit quelles étaient ses craintes et dans quelle position il se trouvait?

— Il me l'a dit.

— J'ai voulu qu'il n'eût pas au moins d'inquiétude à mon égard, et, puisque mon mariage doit le rassurer, je me marie.

— Vous êtes un brave cœur, ma chère cousine, une bonne et tendre fille.

— Je ne suis pas la fille que vous croyez; car si je l'étais, je n'aurais pas attendu jusqu'à ce jour pour contenter mon père, qui souhaitait si ardemment de me voir mariée.

De nouveau il s'établit un silence, et il l'entendait respirer difficilement; il eût voulu parler et il ne savait que dire, il n'osait même pas la regarder

Ce fut elle, cette fois, qui reprit la parole la première.

— Vous souvenez-vous, dit-elle, du rêve que vous m'avez fait vous raconter, quand vous m'avez demandé de vous expliquer quel mari je prendrais : je voulais qu'il m'aimât comme je voulais l'aimer, et je disais, n'est-ce pas, que je ne me marierais jamais, si je ne sentais pas en moi ce grand amour. Comme on fait des projets quand on est petite fille! comme on bâtit des châteaux qui sont peu solides!

— Oui, je me souviens, dit-il.

— Mais ce grand amour, c'est le rêve, n'est-ce pas, c'est la poésie, ce n'est pas la réalité. Dans la vie, on se marie parce qu'on doit se marier, et l'on peut être une honnête femme, je pense, une bonne mère, sans ces sentiments extraordinaires. Le pensez-vous aussi?

Sans répondre directement, il fit un signe affirmatif, car la gêne qu'il éprouvait déjà en montant l'escalier lui devenait plus pénible, et sa conscience était moins ferme.

— Je vous ai dit, reprit-elle, toute l'amitié que j'éprouvais pour... Michel; il a toujours été pour moi un camarade, un ami, un frère, et il sera désormais un mari. Je ne pouvais pas en espérer un plus honnête, un plus digne, et je crois comme mon père que notre vie sera heureuse' Je voulais des ailes à l'existence que je rêvais ; mais c'est peut être sur la terre, terre à terre, qu'est le bonheur possible en ce monde. Il croit que je pourrai le rendre heureux, je m'y appliquerai de tout mon cœur.

La porte en s'ouvrant le tira de l'angoisse qui le serrait à la gorge et l'étouffait.

C'était Denizot qui rentrait, chargé d'un immense panier.

— Ah ! colonel, dit-il en posant son panier, ça ne se fait pas, ces choses-là ; les grands cuisiniers veulent être prévenus au moins vingt-quatre heures à l'avance, vous n'allez pas trouver un souper digne de vous.

— Q'importe, mon bon Denizot ?

— Comment, qu'importe ! et ma gloire ?

Puis, donnant une poignée de main au colonel :

— Comme homme, je suis joliment content de vous voir ; mais comme cuisinier, vous savez, je suis vexé. Avez-vous faim ?

— Pas trop.

— Comme homme, j'en suis fâché ; mais, comme cuisinier, j'en suis bien aise.

Et clopin-clopant, il s'occupa de tirer toutes les victuailles qui étaient entassées dans son panier.

Pendant ce temps, Antoine rentra, puis Michel.

Contrairement à ce qu'il était d'ordinaire, le jeune ouvrier montra une physionomie ouverte et souriante ; ses yeux semblaient moins enfoncés et moins sombres.

Il vint au colonel et s'informa poliment, presque affectueusement, de sa santé.

Chose bizarre, ce fut celui-ci qui eut l'attitude roide et contrainte que Michel avait autrefois avec lui. Il dut se faire violence pour répondre convenablement quelques mots aux questions qui lui étaient adressées.

Le souper était servi sur la table.

Antoine invita son neveu à s'asseoir.

— Prenez la place de votre père, mon neveu.

A ce moment, Sorieul fit son entrée.

Sorti depuis le matin, il ignorait que le colonel dût souper avec eux; en l'apercevant, il poussa des exclamations joyeuses.

Et après avoir déposé son chapeau sur le pupitre d'Antoine et vidé les poches de son habit pleines de livres, de papiers, de journaux, de brochures, il accapara la conversation.

— Il y avait vraiment des coïncidences dans la vie ; ainsi, sans se douter le moins du monde qu'il verrait le colonel le soir même, il s'était occupé de lui pendant toute la journée.

— De moi ?

— De vous incidemment, c'est-à-dire de votre nouvelle famille, de celle dans laquelle vous allez entrer, des princes Mazzazoli et du rôle qu'ils ont joué dans l'histoire. Je me rappelais très bien avoir vu leur nom dans Sismondi, mais je ne me rappelais pas au juste qu'elle avait été leur rôle.

Alors il se mit à parler de l'héritage de la comtesse Mathilde, de la guerre du sacerdoce et de l'empire, des Guelfes, des Gibelins, de la maison d'Este et de celle des Médicis, en citant Sismondi, Guicciardini. Pignotti, Quinet.

Il était ferré et prêt à coller le contradicteur qui aurait voulu l'arrêter.

La soirée ne se prolongea pas très avant, et, quand le colonel se retira, Michel voulut l'accompagner pour l'éclairer.

Mais, arrivé au bas de l'escalier, il posa sa petite lampe sur une marche; puis, tendant la main au colonel :

— Monsieur Édouard, dit-il, voulez-vous me permettre de vous demander votre amitié ? Vous ne m'avez peut-être pas trouvé toujours très poli avec vous, et j'ai à me reprocher d'avoir mal accueilli vos bons procédés; je vous en fais mes excuses. J'avais alors du chagrin, et puis je ne vous connaissais pas. Aujourd'hui je vais devenir votre parent, puisque je serai le mari d'une femme à qui vous avez témoigné toujours une grande amitié. Je vous jure que je la rendrai heureuse.

Et il s'en revint à pied, le long des boulevards, réfléchissant.

— La pauvre petite! Elle n'aimait pas le mari qu'elle acceptait, et cependant elle l'épousait. Quelle vie aurait-elle?

Puis, abandonnant Thérèse, il fit un retour sur lui-même.

— Aimait-il Carmelita? cependant il l'épousait. Quelle vie serait la sienne?

XI

Le baron Lazarus n'était pas homme à employer à l'étourdie l'arme que le hasard avait mise entre ses mains.

Avant de se servir de Lorenzo Beio et de le lancer à travers le mariage de Carmelita, il était sage de voir dans quelle mesure on pouvait user de son concours; et le mieux semblait-il était de se concerter avec la marquise.

Il l'alla donc trouver.

Lorsqu'on annonça à madame de Lucillière que M. le baron Lazarus demandait à la voir, le marquis était avec elle.

— Vous recevez cet homme? dit-il.

— J'ai besoin de lui.

— Ah! c'est une raison.

— Vous avez pu constater quelles heureuses dispositions il a pour les recherches policières ; je désire l'employer conformément à son talent.

— Dès là que vous avez besoin de lui, c'est une raison suffisante ; pour moi, qui n'ai rien à démêler avec lui, Dieu merci ! je me prive volontiers de sa visite. Au revoir

Le marquis sortit par une porte, tandis que le baron entrait par une autre.

— Vous n'avez pas perdu de temps, dit madame de Lucillière en indiquant un siège au baron à une assez grande distance de celui qu'elle occupait.

— En avons-nous beaucoup devant nous ?

— Beaucoup, non ; cependant nous en avons assez pour ne rien risquer dans trop de hâte.

— Je n'ai rien risqué et c'est pour avoir votre avis avant de rien entreprendre, que je viens vous soumettre quelques petits renseignements que j'ai eu la bonne fortune d'obtenir.

Alors il raconta simplement, modestement, comme il convient à un homme qui a le sentiment de sa valeur, la conversation qu'il avait eu la chance de surprendre entre Carmelita et un inconnu.

— Mais c'est le nom de cet inconnu qu'il nous faut, sans quoi cette conversation ne peut pas nous être d'une grande utilité.

— Précisément j'ai eu la bonne chance de l'obtenir : Lorenzo Beio.

— Le maître de chant de Carmelita ?

— Lui-même.

— Mais alors ?...

— Alors vous devinez quelles raisons il peut avoir pour empêcher ce mariage ? Ce sont ces raisons que je viens justement vous demander.

— Il semble qu'il est maître d'un secret qui peut perdre Carmelita dans l'esprit du colonel. Il ne veut pas que Carmelita épouse le colonel Chamberlain ; nous, de notre côté, nous ne voulons pas que le colonel Chamberlain épouse Carmelita. Il est possible que Lorenzo Beio, agissant seul, empêche ce mariage; il est possible aussi que nous, sans son secours, nous l'empêchions par un moyen différent du sien, Mais il est bien certain que si, au lieu d'agir séparément, nous agissions collectivement, nous aurions beaucoup plus de chances de réussir. Il faut donc avant tout chercher comment on peut obtenir ce secret de Lorenzo Beio.

— On pourrait peut-être le lui acheter.

— La négociation serait aventureuse, tous les gens ne sont pas à vendre, et, en tout cas, elle serait pour celui qui s'en chargerait bien compromettante, surtout s'il y était répondu par un refus.

— En parlant ainsi, je pensais que ce Beio devait avoir aux mains quelque lettre significative qui, mise sous les yeux du colonel, pourrait l'éclairer.

— Décidément vous êtes pour les lettres, monsieur; sans doute, c'est une arme, mais elle n'est pas toujours sûre, vous devez en savoir quelque chose. Dans le cas présent, on peut aller à Beio franchement et lui dire: « Vous voulez empêcher le mariage de mademoiselle Belmonte avec le colonel Chamberlain; moi, je veux aussi empêcher ce mariage. Vous avez un moyen pour cela, je le sais; unissons-nous, aidez-moi, je vous aiderai. » Comment accueillerait-il cette ouverture? Nous ne pouvons pas à l'avance le prévoir. Un refus est possible, une acceptation l'est aussi. S'il accepte, c'est bien, tout est fini; vous n'avez qu'à marcher d'accord. Mais, s'il refuse, car enfin il peut avoir des raisons pour refuser, supposons que ce soit la vengeance qui le pousse à rompre ce mariage, — souvent la vengeance est jalouse, elle veut agir seule, sans secours étranger; elle veut faire le mal, mais elle veut être seule à le faire; si elle voit celui qu'elle poursuit entouré de plusieurs ennemis, elle lui vient souvent en aide contre ces ennemis, pour ne se retourner contre celui qu'elle a secouru que lorsqu'elle peut l'attaquer seule. Tel peut-être le cas de Beio : il n'est pas impossible qu'il tienne à vider sa querelle avec Carmelita en tête à tête.

— Peut-être aime-t-il surtout le tête-à-tête, dit le baron en riant d'un gros rire.

Mais la marquise ne partagea pas cette hilarité, elle continua :

— Si Beio vous repousse, vous ne pourrez pas revenir à la charge près de lui, et nous aurons le désagrément de voir un moyen qui pouvait nous être utile nous échapper. Ce n'est pas ainsi que nous devons procéder. Vous intéressez-vous toujours à la petite Flavie, du théâtre des Bouffes?

— Je ne vois pas en quoi cette question touche notre affaire.

— Vous allez le voir, si vous voulez bien me répondre ; soyez certain que je ne vous adresse pas cette demande pour savoir vos secrets, ni ceux de mademoiselle Flavie.

— Il n'y a pas de secrets entre la petite Flavie et moi. Cette enfant était la fille de mon caissier, elle restait orpheline sans fortune et sans métier ; on disait qu'elle était jolie. Je me suis occupé d'elle pour ne pas la laisser exposée aux tentations de la misère.

— Et, pour cela, vous l'avez fait débuter aux Bouffes?

— C'est bien naturel.

— Oh ! assurément, rien n'est plus naturel, cela se voit tous les jours, et je savais ce que vous venez de me raconter ; seulement ce que je ne sais pas et ce que je vous demande, c'est si vous avez continué à vous occuper de cette jeune fille depuis, qu'ayant un métier, elle n'est plus, comme vous dites, exposée aux tentations de la misère. Car elle n'y est plus exposée, n'est-ce pas? Je l'ai vue hier au Bois dans un petit coupé, qui ne sont pas du tout la misère.

— Je la vois quelquefois.

— Et vous pouvez lui demander ce que vous désirez?

— J'espère qu'elle a pour moi des sentiments de reconnaissance.

— Il faut l'espérer ou bien alors ce serait à prendre en mépris l'humanité. Donc vous pouvez faire appel à ces sentiments de reconnaissance et vous serez écouté?

— Je le pense.

— Eh bien! ce que vous aurez à lui demander devra accroître encore cette reconnaissance déjà si grande.

— J'avoue que je ne comprends pas du tout où vous voulez arriver.

— Cela ne vous blesse pas, n'est-ce pas? que je dise que cette petite Flavie n'a aucun talent; je l'ai vue deux ou trois fois, et c'est ce que ces messieurs appellent une grue. Elle chante comme M. Jourdain faisait de la prose, sans s'en douter; elle chante avec ses yeux qui minaudent, son nez qui se retrousse, sa poitrine qu'elle montre tant qu'elle peut, sa taille qui se tortille, enfin elle chante avec tout ce que la nature lui a donné, — une seule chose exceptée, la voix; — il est vrai que de ce côté la nature lui a été assez avare. Eh bien! il faut que vous lui donniez ce qui lui manque,

— La voix? moi!

— Pas la voix, mais le talent. Pas vous, car, malgré tous vos mérites, vous n'avez peut-être pas ceux d'un maître de chant; mais Lorenzo Beio, qui les possède, lui, ces mérites.

Le baron joignit les mains dans un mouvement d'admiration, car bien qu'il professât le plus profond mépris pour madame de Lucillière, il ne pouvait pas ne pas admirer une combinaison si bien trouvée, alors surtout que cette combinaison devait lui profiter.

— Je comprends, s'écria-t-il, je comprends.

— Vous comprenez, n'est-ce pas, que vous donnez Lorenzo Beio pour professeur à Flavie? Sans doute vous pourriez tout aussi bien le donner à Ida?

— Oh! ma fille!

— Justement, je sens ce cri d'un père qui ne veut pas mêler une fille comme mademoiselle Ida...

— *Sie ist eine engel.*

— *Ja, ja*, c'est un ange, et puis ce serait s'engager bien à fond que d'intervenir d'une façon si directe et si personnelle; tandis que, par l'entremise de Flavie, les choses se font sans que vous y mettiez la main. C'est Flavie qui demande des leçons à Beio, et rien n'est plus naturel. Beio a chanté sur les grands théâtres du monde, et c'est quand sa voix a été perdue qu'il s'est fait professeur; les leçons qu'il donne ont pour but de former des chanteurs et des chanteuses de théâtre. Flavie qui est une chanteuse de théâtre, — au moins elle peut le croire, — ne veut pas rester aux Bouffes, elle veut passer à l'Opéra-Comique ou à l'Opéra, — on a vu des exemples de cette ambition chez de simples grues; — elle s'adresse à Beio pour lui demander des leçons. Vous allez la voir quelquefois chez elle, n'est-ce pas?

— Quelquefois.

— Plusieurs fois par semaine?

— Oui, souvent.

— Tous les jours?

— Je la vois souvent, mais pas régulièrement,

— Je comprends cela; enfin vous la verrez plus souvent, tous les jours. Oh! bien entendu, devant Beio. Vous assisterez aux leçons. Rien n'est plus légitime. Vous vous intéressez à cette petite fille de votre caissier, vous désirez qu'elle cultive son talent pour n'être pas exposée aux tentations de la misère, et vous surveillez vous-même ses leçons pour constater ses progrès. C'est d'un père, cette conduite; elle vous fera honneur.

— Il est certain qu'il n'y aura rien à dire.

— En assistant aux leçons, vous parlerez de temps en temps du colonel Chamberlain et de son prochain mariage. Cela encore est tout naturel puisque vous êtes l'ami du marié et de la mariée. Je crois que tout d'abord il sera bon que vous ne manifestiez pas votre sentiment sur ce mariage, afin de ne pas éveiller les soupçons de cet Italien. Ce sera peu à peu que vous les manifesterez, ces sentiments, en insistant principalement sur la certitude où vous êtes que rien ne peut l'empêcher. Sans doute, tout mariage qui n'est pas conclu peut se rompre; mais, pour que cette rupture s'accomplisse, il ne faut pas qu'il soit ardemment désiré des deux côtés, et c'est précisément ce qui se rencontre dans celui-là : par intérêt, mademoiselle Belmonte le veut; par amour, le colonel le désire non moins vivement.

— Parfaitement.

— Vous voyez le thème, je n'ai donc pas besoin d'insister. Il arrive un moment, — ah ! nous n'avons pas besoin de nous presser; la veille il sera temps encore; — il arrive un moment où Beio doute de l'efficacité du moyen dont il dispose; il a peur, il croit que ce mariage se fera quand même. Il a compris que vous désiriez qu'il ne se fasse pas et que vous pouvez l'empêcher; il pense qu'en réunissant vos deux actions, la vôtre et la sienne, vous serez plus puissants : il vous livre son moyen. Naturellement vous ne livrez pas le vôtre, « qui ne vaut pas le sien »; on agit, et la rupture est accomplie, sans que nulle part votre main soit visible : ce que vous devez désirer... en vue de l'avenir.

Le baron se retira en pensant que la marquise n'était vraiment pas sotte.

Mais quelle femme corrompue, bon Dieu !

Il n'y avait qu'une Française au monde capable d'inventer une pareille combinaison, et encore sans paraître y toucher.

Quelle Babylone que ce Paris!

XII

Mademoiselle Flavie Schwerdtmann, connue au théâtre sous le nom de Flavie Engel, plus facile à prononcer pour une bouche française, ou plus simplement sous celui de Flavie tout court, beaucoup plus facile encore, était ce qu'on appelait alors dans un certain monde une jeune grue, et elle n'était que cela.

Dix-neuf ans, une beauté assez pâle, pas le moindre talent, et cependant elle avait une certaine réputation.

Elle la devait, cette réputation, à l'étrangeté et à la bizarrerie qui se montraient en elle.

C'était une Allemande de la Poméranie, née d'un père et d'une mère qui l'un et l'autre étaient deux types de pure race; cette pureté de race, ils l'avaient transmise à leur fille, et celle-ci, au milieu de comédiennes françaises, frappait le spectateur le moins attentif par ses yeux bleus, ses cheveux d'un blond pâle, et tous les caractères constitutifs de la « Germaine ». C'est déjà une raison de succès de ne pas ressembler aux autres. A Berlin ou à Stettin, on ne l'eût pas regardée; à Paris, on la remarquait.

Mais à cette attraction, en réalité assez légère, elle en joignait une autre, plus puissante : Allemande de naissance, elle avait cessé de l'être par son éducation. De là en elle un curieux mélange de qualités et de défauts disparates, jurant de se trouver ensemble, et qui, précisément par cela seul, la rendaient séduisante pour certains esprits blasés, amoureux de ce qui sort du naturel.

Elle était enfant à son arrivée à Paris et orpheline de mère; son père, qui était un excellent employé, comme le sont souvent les Allemands, laborieux, exact, zélé, l'avait livrée aux soins d'une domestique par malheur richement douée de tous les vices; de sorte que l'éducation que la petite Flavie avait reçue était celle de la rue, et même, pour tout dire, celle du ruisseau.

Dans son roman des *Liaisons dangereuses*, Laclos a peint une jeune fille sage et innocente, que son amant prend plaisir à corrompre en apprenant à son écolière naïve une espèce de « catéchisme de débauche. » Sans savoir ce qu'elle dit, cette petite répète les monstruosités les plus étonnantes, et, dans la lettre où il raconte cette histoire, cet homme, qui ne se plaît plus qu'aux choses bizarres, dit que rien n'est plus drôle que l'ingénuité avec laquelle sa maîtresse se sert de la langue qu'il vient de lui apprendre, n'imaginant pas qu'on puisse parler autrement : le contraste de la candeur naïve qui est en elle avec son langage plein d'effronterie est tout à fait séduisant.

C'était une éducation de ce genre que Flavie s'était donnée, mais bien entendu en sachant très bien « qu'on pouvait parler autrement, » et, comme avec cela elle était restée enfant pour le visage, gardant des yeux innocents, un sourire naïf, une bouche mignonne et chaste, elle produisait justement un effet de séduction provoquante, qui résultait du contraste de son apparence naïve avec son langage plein d'effronterie.

Pour certaines gens, elle était irrésistible par la façon candide dont elle récitait « son catéchisme de débauche. »

Tous ceux qui la connaissaient disaient d'elle :

— Est-elle drôle, cette Flavie !

Et ce mot était généralement accepté.

Les jeunes beaux des avant-scènes et de l'orchestre étaient assez indifférents pour elle; mais, parmi les hommes qui avaient passé la soixantaine, elle avait de zélés partisans. Il est vrai qu'ils ne la défendaient pas ouvertement quand on l'attaquait, mais, à ces attaques, ils répondaient par des haussements d'épaules ou des sourires discrets qui en disaient long pour qui savait comprendre.

Le baron Lazarus était un de ces fidèles, et de tous, celui qui lui témoignait publiquement le plus d'intérêt.

— Elle était la fille de son caissier, cet intérêt n'était-il pas tout naturel ?

Si cette explication était accueillie par des sourires, il ne se fâchait pas et riait lui-même.

— Je voudrais bien, disait-il.

En sortant de chez madame de Lucillière, il se rendit directement chez Flavie, et, avec de longues circonlocutions, il lui expliqua ce qu'il désirait, c'est-à-dire qu'elle prît des leçons de Lorenzo Beio.

A ce mot, Flavie se jeta à la renverse sur un canapé en riant aux éclats.

— Des leçons, dit-elle; moi à mon âge, ah ! zut !

— Mais, ma chère petite...

Et le baron se mit à développer tous les avantages qu'il y avait pour elle à prendre de leçons de Beio. Cette idée lui était venue la veille en l'entendant chanter. Evidemment, si elle voulait, elle pouvait devenir une grande artiste; elle avait tout ce qu'il fallait pour cela. Est-ce que madame Ugalde, madame Cabel, madame Sass, n'avaient pas débuté dans des cafés-concerts ?

Et comme Flavie continuait à rire en secouant la tête :

— C'est au nom de ton père que je te parle, dit-il.

Elle se leva vivement, et, se campant devant le baron, les bras croisés :

— Vous savez, dit-elle, ce n'est pas à moi qu'il faut la faire, celle-là; bonne pour la galerie, la balançoire de la paternité. Et puis là, franchement, est-ce que si mon pauvre bonhomme de père était encore de ce monde, il ne vous casserait pas les reins, ô! monsieur le baron? J'ose espérer que oui; car enfin qu'avez-vous fait de la fille de mon père? Soyez franc pendant cinq minutes, si vous pouvez.

— Je veux en faire une grande artiste.

— Il fallait commencer par là, c'était peut-être possible; maintenant il est trop tard; et à qui la faute?

— Il n'est jamais trop tard.

— Ne faites donc pas le naïf avec moi, vouz savez que je ne m'y laisse plus prendre. Pourquoi avez-vous eu l'idée de me faire donner des leçons par Beio? Dites-moi la raison vraie.

— Pour que tu me donnes les nobles jouissances de l'art.

Elle se jeta de nouveau sur son canapé en riant de plus belle.

— Non, *non!* criait-elle; impayable!

Le baron vint s'asseoir près d'elle :

— Tu sais bien que je t'adore, dit-il, et je n'ai qu'un désir, qui est de t'aimer plus encore, si cela est possible. Une seule chose peut faire ce miracle : le talent.

— Ah! ça! je n'ai donc pas de talent?

— Si, si, tu en as beaucoup, et c'est justement pour que tu en aies davantage. Cela te sera facile avec Beio; tu iras à l'Opéra-Comique, à l'Opéra. Vois-tu l'affiche : *Débuts de mademoiselle Flavie Engel.* Cela ne te dit rien,

— Après tout, pourquoi pas?

— Un peu de travail, et tu arrives; Beio est un excellent professeur, qui a fait des prodiges en ce genre. Jusqu'à présent tu as eu les succès d'une petite fille, mais tu vas devenir une femme; avec l'âge, il te faut d'autres succès, plus grands, plus beaux et, si tu le veux, tu les auras.

Elle parut réfléchir un moment; puis, s'appuyant sur son coude et regardant le baron dans les yeux :

— Vous y tenez donc bien à ces leçons?

— Beaucoup, je t'assure.

— Alors, qu'est-ce que vous me les payez l'heure?

— Comment! ce que je te les paye?

— Qu'est-ce qui aura à s'ennuyer, à travailler, à s'exterminer?

— Mais il me semble...

— Pour qui aurais-je tout ce mal?

— Pour toi.

— Pour vous donner les nobles jouissances de l'art, comme vous dites.

— Sans doute, mais...

— Combien estimez-vous que ça vaut, ce genre de jouissance? Cher, n'est-ce pas? Alors, payez.

Il fallut que le baron cédât; mais il se consola des exigences de Flavie en se disant que Beio ne serait probablement pas long à parler, et que par conséquent il n'y aurait pas trop de leçons à payer.

Ils tombèrent d'accord à cent francs.

Seulement, comme le baron n'aimait pas à jeter son argent par les fenêtres, il voulut rattraper quelque chose sur ces cent francs.

— Il est bien entendu, dit-il, que tu payeras Beio.

Mais, si le baron savait compter, Flavie, de son côté, avait le sens du calcul très développé, et un crâniologiste eût remarqué chez elle une forte saillie à l'angle externe de l'orbite, autrement dit l'organe des nombres.

Une nouvelle discussion s'engagea.

— Tu comprends, dit le baron en tâchant de la prendre par la persuasion, que si je demande moi-même à Beio de te donner des leçons, il me les fera payer très cher, sous le prétexte que je suis un financier; tandis que toi, tu es une artiste, il te fera un prix de faveur.

— Eh bien ! je traiterai moi-même avec Beio comme si je payais de mon propre argent ; mais vous me rembourserez ce que j'aurai avancé.

Cette combinaison, permettant au baron de ne pas trop s'avancer vis-à-vis de Beio, le décida à accéder à la demande de Flavie.

— Je fais tout ce que tu veux, dit-il.

— Ainsi vous payerez Beio ?

— Tous les jours ; seulement, comme tu es une espiègle capable de me compter des leçons que tu ne prendrais pas, j'assisterai à ces leçons, et je jugerai par moi-même de tes progrès.

Les choses étant ainsi convenues entre le baron et Flavie, celle-ci traita elle-même avec Lorenzo Beio ; mais, au premier mot, le maître de chant l'arrêta.

Son temps était pris.

En réalité, l'idée de donner des leçons à mademoiselle Engel, du théâtre des Bouffes, n'avait rien d'attrayant pour lui. Que ferait-il d'une pareille élève ? Il choisissait ses leçons et n'acceptait pas toutes celles qu'on lui demandait, et puis, d'un autre côté, s'il n'était pas en disposition de s'occuper de ses élèves anciens, ce n'était pas pour en prendre une nouvelle.

Mais, quand Flavie voulait une chose, elle la voulait bien, et les cent francs promis par le baron lui avaient inspiré une ferme volonté : elle fit si bien qu'elle parvint à décider Beio.

Bien entendu, le baron se trouva chez Flavie lorsque Beio y arriva pour donner sa leçon.

Flavie avait été prévenue, et elle savait ce qu'elle avait à faire.

Le baron était installé sur un canapé, dans le salon.

— A mon grand regret, dit-elle, il faut que je vous fausse compagnie.

— Et pourquoi donc, petite fille ?

Petite fille était un mot paternel dont il se servait en public.

— Parce que je vais prendre une leçon avec monsieur.

Alors, continuant son rôle, elle avait fait la présentation de Beio au baron, du baron à Beio.

— Comment! s'écria le baron, vous êtes monsieur Lorenzo Beio? Mais j'ai l'honneur de vous connaître; j'entends souvent parler de vous par la meilleure amie de ma fille, mademoiselle Carmelita Belmonte, dont vous êtes le professeur.

Beio, sans répondre, s'inclina.

— Mes compliments, cher monsieur, continua le baron; vous avez dans Carmelita une élève qui vous fait le plus grand honneur. Quel malheur, n'est-ce pas, qu'une organisation si splendide soit perdue pour l'art! Combien de fois en la faisant travailler, avez-vous dû vous dire que sa place était sur la scène? Elle y eût été admirable, j'en suis certain : avec sa beauté, avec son talent, elle aurait obtenu des succès prodigieux. C'est, il me semble, un vif chagrin pour un professeur de se dire qu'un pareil talent est ignoré; car qu'est-ce que la gloire des salons! Et puis, quand elle sera mariée, chantera-t-elle? Le monde, la famille, lui en laisseront-ils la possibilité?

Lorenzo Beio se tourna vers Flavie et lui demanda si elle n'était pas prête à commencer.

— Commencez, dit le baron; ne vous troublez pas pour moi. J'ai bien souvent assisté aux leçons de cette petite fille; elle est habituée à moi.

Dans un moment de repos, le baron revint au sujet qui le préoccupait.

— Connaissez-vous le colonel Chamberlain, qui épouse mademoiselle Belmonte? C'est aussi un de mes bons amis, charmant garçon.

Beio répondit qu'il ne connaissait pas le colonel.

— Fâcheux, très fâcheux. Je suis sûr que quand vous

aurez fait sa connaissance, vous regretterez moins de perdre votre élève. Il me semble que ce soit l'homme destiné par la Providence à devenir le mari de Carmelita, comme s'ils étaient faits l'un pour l'autre.

L'Italien écoutait ces paroles avec une figure sombre, en lançant de temps en temps des regards furieux au baron, que celui-ci paraissait ne pas voir, mais qu'il remarquait très bien.

— Cependant seront-ils heureux? continua le baron, ne craignant pas de mettre une certaine incohérence dans son discours; c'est ce que je me demande. L'apparence est pour le bonheur. Mais, en regardant au fond des choses, on aperçoit des causes de trouble.

Comme Beio, à ce mot, avait fait un mouvement, le baron insista.

— Parfaitement, des causes de trouble, on peut même dire de division. Cela est sensible pour qui connaît la vie. Aussi ce mariage m'inquiète-t-il jusqu'à un certain point. J'aurais su qu'il devait se faire, que j'aurais assurément présenté mes doutes et mes observations, avant qu'il fût décidé, au prince Mazzazoli aussi bien qu'au colonel. Mais à quoi bon des observations qui ne doivent servir à rien? Ce mariage est arrêté; ce ne sont pas des observations qui maintenant pourront l'empêcher, d'autant mieux qu'il est vivement désiré des deux côtés.

Beio s'était rapproché du baron, montrant pour la première fois qu'il s'intéressait à ce qu'il entendait; mais ces derniers mots le firent se retourner vers Flavie, qui, elle, écoutait attentivement le baron, se demandant ce que signifiaient ces paroles et à quel but elles tendaient, car ce n'était assurément pas un simple bavardage.

— Je dis que ce mariage est vivement désiré des deux côtés, poursuivit le baron, et c'est là ce qui me ferme la bouche. Le colonel aime passionnément Carmelita, et cette passion s'explique : Carmelita est si belle! D'autre part, le prince Mazzazoli est ébloui par la fortune du colonel, et cet éblouissement se comprend, le colonel est si riche! Le prince voulait un roi pour sa nièce : il a trouvé mieux, car le royaume du colonel Chamberlain n'a rien à craindre des révolutions.

Le baron s'arrêta, et s'adressant à Flavie :

— Excusez-moi, chère petite fille; je vous fais perdre votre temps, je bavarde, et j'oublie que ce temps est précieux. Travaillez, mon enfant, je vous prie; si je vous interromps encore, mettez-moi à la porte.

Et le baron n'interrompit plus, en effet, que par quelques paroles qui se rapportaient à la leçon même.

— Très bien, cela ira, n'est-ce pas votre avis, monsieur Beio? Je n'en dirais pas autant pour une Française; mais cette petite fille est Allemande, et, grâce à Dieu, les Allemands sont autrement organisés pour la musique que les Français.

Cette observation arriva à propos pour rendre un peu d'espérance au professeur, qui se disait déjà qu'il n'avait rien à faire avec une pareille élève. Le baron avait peut-être raison, c'était une Allemande, et, comme il partageait pleinement l'avis du baron sur le sentiment musical des Français, il se raccrocha à cette branche : il fallait voir, et ne pas renoncer dès la première leçon.

Quand Beio se disposa à partir, le baron se leva en même temps que lui et l'accompagna jusque dans la rue.

Précisément sa voiture était à la porte, l'attendant.

— De quel côté allait M. Beio?

Justement le baron avait besoin dans ce même quartier, et il força le professeur à prendre place dans sa voiture. En chemin, il ne parlât que musique, et il en parla bien, en homme qui sait et qui sent. Ce fut seulement quelques instants avant d'arriver, qu'il glissa quelques mots personnels dans cet entretien.

— Si vous voyez le prince Mazzazoli, dit-il, je vous

demande de ne pas lui dire que j'assiste aux leçons de Flavie; le monde est si méchant et si facile à tout mal interpréter! Le prince ferait des plaisanteries sur mon assiduité, il pourrait en parler devant ma fille, et je ne veux pas qu'un soupçon, si léger qu'il soit, puisse effleurer l'esprit de ma fille, une ange, monsieur, une ange.

Beio répondit qu'il n'avait pas l'habitude de parler de ses leçons au prince Mazzazoli.

Les leçons se continuèrent, et chaque fois le baron Lazarus y assista, trouvant toujours moyen de parler de son cher ami le prince Mazzazoli et de son autre ami, non moins cher, non moins excellent, le colonel Chamberlain.

Ses discours n'étaient guère que des répétitions de celui qu'il avait tenu au maître de chant, la première fois qu'il l'avait rencontré; seulement il mettait un peu plus de précision dans ses paroles, surtout en ce qui touchait la rupture de ce mariage.

— Ah! si on pouvait l'empêcher. Bien certainement ce serait pour le bonheur de l'un comme de l'autre. Mais comment?

Et alors, se conformant aux instructions de madame de Lucillière, il insistait sur les *impossibilités* qu'il y avait à cette rupture : l'intérêt du prince, l'amour du colonel.

Personne ne les connaissait mieux que lui, ces impossibilités, voyant chaque jour, comme il le voyait, l'empressement que de part et d'autre on mettait à accomplir ce mariage.

Et, en parlant ainsi, il n'avait pas besoin de se livrer à de grands efforts d'imagination; il lui suffisait de rapporter ce qu'il remarquait et chez le prince et chez le colonel.

Car jamais il n'avait été plus assidu dans l'une et dans l'autre maison.

Ida voyait Carmelita tous les jours, souvent même plusieurs fois par jour.

Et le baron voyait lui-même le colonel tout aussi souvent.

C'était ainsi qu'il savait par le détail les cadeaux que le colonel préparait pour sa fiancée, avec une générosité qui rappelait la prodigalité orientale.

C'était ainsi qu'il savait aussi que la date primitivement fixée pour le mariage serait forcément retardée pour l'accomplissement de certaines formalités. Le père de Carmelita, le comte Belmonte, était mort en Syrie, où il avait eu l'idée d'aller chercher fortune, et où il n'avait trouvé que le choléra; son acte de décès n'était pas régulier, et il fallait le faire régulariser, ce qui, à cause de la distance, demandait des délais, et, d'un autre côté, par suite du bon ordre qui règne dans les pays administrés par les Turcs, présentait des difficultés.

En même temps qu'il fréquentait le prince et le colonel, le baron, ne s'en tenant pas au seul Lorenzo Beio, poursuivait, auprès des uns et des autres, les recherches qui pouvaient lui fournir des armes nouvelles.

Il n'avait plus qu'un seul sujet de conversation : le mariage de mademoiselle Belmonte et du colonel Chamberlain.

Par malheur pour lui, il ne trouvait rien.

Tous les créanciers du prince, et ils étaient nombreux, étaient remplis de joie par ce mariage, et, bien entendu, ils n'auraient rien fait, rien dit pour l'empêcher.

Quant aux quelques amis que le colonel avait en France, ils blâmaient bien ce mariage, ils en riaient bien, mais c'était tout.

Encore, tous ne lui étaient pas hostiles, et plusieurs trouvaient que Carmelita était assez belle pour qu'on fit la folie de l'épouser.

Parmi ceux qui raisonnaient ainsi se trouvait Gaston de Pompéran.

Comme le baron s'étonnait un jour de le voir appuyer ce mariage :

— C'est que j'aime mieux Carmelita que Thérèse, répondit Gaston ; au moins Carmelita est du monde. Je vous avoue que j'ai eu une belle peur quand le colonel a rompu avec la marquise ; j'ai cru qu'il allait retourner à sa petite cousine, ce qui était indiqué, et la prendre pour femme. C'est un miracle qu'il ne l'ait pas fait, et je suis reconnaissant à Carmelita de l'avoir empêché. Voyez-vous le colonel Chamberlain marié à une ouvrière du faubourg Saint-Antoine !

Non, vraiment; non, le baron Lazarus ne voyait pas cela.

XIII

Cependant ces paroles de Gaston de Pompéran lui donnèrent à réfléchir.

Si le colonel Chamberlain avait dû, au dire de son ami, revenir à sa petite cousine après sa rupture avec madame de Lucillière, n'y reviendrait-il pas après sa rupture avec Carmelita ?

Il devait donc prendre des précautions contre cette faubourienne, mais quelles précautions ?

Il se mit à étudier cette question et à chercher un moyen de la résoudre, qui, tout en étant sûr, ne le compromît pas ; car il ne fallait pas s'avancer à l'étourdie en cette affaire, ni s'exposer à blesser le colonel en agissant d'une façon brutale et surtout directe contre un membre de sa famille.

Le premier point à obtenir, c'était de savoir ce qu'était

8

cette petite Thérèse, et de réunir sur elle autant de renseignements qu'il était possible, afin de chercher dans ces renseignements un moyen d'action.

Mais c'était là une tâche peu commode, au moins pour le baron, qui ne pouvait pas aller entreprendre une enquête de ce genre en plein faubourg Saint-Antoine.

Heureusement cette enquête pouvait être faite par des tiers, et le baron n'avait pas besoin de la poursuivre lui-même; restant soigneusement dans la coulisse, sans même laisser voir son ombre, il devait se contenter de faire jouer cette pièce par des marionnettes qu'il ferait agir et dont il tiendrait les fils dans sa main; il n'avait qu'à reprendre et à répéter la tactique qui lui avait si bien réussi, lorsqu'il avait voulu savoir comment la marquise de Lucillière s'introduisait la nuit chez le colonel.

Seulement cette fois ce n'était pas d'une balayeuse qu'il devait se servir.

Ce n'était pas ce que Thérèse faisait dans la rue qui l'inquiétait, c'était ce qui se passait chez elle.

C'était donc quelqu'un qui pénétrât journellement dans l'intérieur d'Antoine Chamberlain, et qui fût en relations suivies avec celui-ci, qu'il devait employer.

Pour tout autre que le baron, un agent réunissant ces conditions, et de plus étant assez intelligent pour s'acquitter de sa mission, assez fin pour tout voir, assez discret pour ne rien dire, eût été difficile à trouver, les financiers, en effet, n'entretenant pas ordinairement des rapports intimes avec les menuisiers ou les ébénistes.

Mais ce qui eût été à peu près impraticable pour un financier français, anglais ou russe, ne l'était pas pour un financier allemand, ayant, comme le baron Lazarus, des relations avec la colonie allemande établie à Paris, dans celle qui habite les hôtels de la Chaussée-d'Antin, aussi bien que dans celle qui grouille dans les bouges de « la colline », ce quartier central des balayeurs Hessois, ou dans ceux du quartier Saint-Marcel.

Ce n'était pas seulement sur les riches étrangers que Paris, à cette époque, exerçait une toute-puissante attraction; de tous les coins du monde, l'ancien comme le nouveau, on accourait à Paris. Mais ce n'était pas uniquement pour y mener la vie de plaisir; on y venait encore pour mener la dure vie du travail, pour s'enrichir ou pour gagner le morceau de pain qu'on ne trouvait pas dans son pays, trop pauvre. A tous riches ou misérables, Paris ouvrait ses portes.

— Soyez les bienvenus, amusez-vous, travaillez; vous êtes chez vous, nous n'avons de défiance ou de jalousie contre personne. C'est à l'entrée de Paris que devait être accrochée cette enseigne, qu'on ne trouve plus que dans les villages perdus: *Au soleil d'or, il luit pour tout le monde*; cela vaudra bien le *Fluctuat nec mergitur*.

De tous les étrangers, ceux qui avaient le plus largement profité de cette hospitalité étaient les Allemands. Combien y avait-il d'Allemands à Paris. On ne le savait pas. Les uns disaient quarante mille; les autres, plus de deux cent mille, Et ce qui rendait la statistique à peu près impossible, c'était que les Allemands, contrairement à ce qui se produit généralement, cachaient souvent leur nationalité. A ce moment, ils n'étaient pas encore fiers de la grande patrie allemande, et bien souvent, quand on demandait quel était leur pays à des gens qui prononçaient d'une étrange façon les *p*, les *b* et les *v*, ils vous faisaient des histoires invraisemblables. Si l'on avait inscrit au compte de l'Alsace tous ceux qui se disaieut Alsaciens, on aurait trouvé qu'il y avait plus d'Alsaciens à Paris que dans le Haut-Rhin et dans le Bas-Rhin.

Quoi qu'il en fût du chiffre exact, il y avait un fait certain, qui était que ce chiffre était considérable : partout des Allemands. Dans la finance, des Allemands; dans le commerce d'exportation et de commission, des Allemands; chez les tailleurs, des Allemands; chez les bottiers, des Allemands; dans les hôtels, comme *kellner* et comme *oberkellner*, des Allemands; pour balayer nos rues, des Allemands; dans le charronnage, la carrosserie, l'ébénisterie, des Allemands. Il y avait dans Paris des quartiers exclusivement occupés par des Allemands : « la colline » à la Villette; d'autres sans nom particulier, aux Batignolles, à la barrière de Fontainebleau, au boulevard Richard-Lenoir, et dans ces quartiers de grandes cours allemandes (*deutsche hoefe*).

Nulle part, si ce n'est dans les villes du nord des Etats-Unis on n'aurait trouvé une pareille agglomération d'Allemands.

Le baron Lazarus, bien qu'il n'occupât à Paris aucune position officielle et qu'il ne fût ni consul ni chargé d'affaires d'aucun petit prince allemand, était en relations avec le plus grand nombre de ses compatriotes : avec les uns, ceux qui formaient la tête de la colonie allemande, par les affaires ; avec les autres, ceux qui se trouvaient au bas de l'échelle, par des œuvres de bienfaisance ou de propagande religieuse; les financiers de la Chaussée-d'Antin lui serraient la main; les carriers de la barrière de Fontainebleau, les balayeurs de la Villette, les ouvriers du quartier Saint-Antoine, le connaissaient.

Plusieurs de ces derniers venaient même quelquefois rue du Colisée, et lorsqu'ils étaient enfermés dans son cabinet, où il les recevait seuls, son secrétaire veillait sur sa porte pour la défendre. Lorsqu'ils parlaient de lui, ils le faisaient d'une façon mystérieuse, et lorsqu'on les interrogeait sur leurs relations assez étranges avec un homme occupant une haute position sociale comme le baron, ils répondaient contradictoirement. Pour les uns, le baron était simplement un banquier qui voulait bien faire passer, généreusement et sans frais, à leur famille, l'argent qu'ils lui remettaient; pour les autres, un peu plus francs, c'était le correspondant d'associations établies dans la mère-patrie.

Avec ces relations parmi les ouvriers parisiens, le baron pouvait organiser les recherches qu'il désirait, car plusieurs de ces ouvriers étaient les camarades et les amis d'Antoine.

Il n'eut qu'un mot à dire pour qu'on lui indiquât à qui il devait s'adresser :

— Hermann est l'ami d'Antoine Chamberlain, il le connaît bien; ils se voient tous les jours.

Hermann était précisément un de ces ouvriers que le baron recevait mystérieusement ou tout au moins avec lesquels il s'enfermait.

Mandé par un mot pressant, il arriva le soir même rue du Colisée. Et, en moins d'une heure, le baron connut Antoine Chamberlain, comme s'il avait été en relations avec lui depuis plusieurs années ; il comprit quel était le rôle qu'il avait joué, et il sentit quelle était son influence.

Mais Thérèse?

Les réponses d'Hermann ne pouvaient être que plus vagues sur cette petite fille, qu'il avait bien souvent vue, mais sans jamais la regarder, et qui pour lui était sans importance. Tout ce qu'il savait, c'est qu'il était question d'un mariage entre cette jeune fille et l'associé d'Antoine, un jeune sculpteur sur bois, nommé Michel, un brave garçon aussi, et qui, comme homme, valait Antoine.

Le baron respira : si Thérèse épousait ce jeune sculpteur, cet associé de son père, elle n'était pas à craindre, et l'on pouvait ne pas s'occuper d'elle davantage.

— Quand doit se faire ce mariage? Il faut savoir cela, mon brave Hermann, et discrètement.

Et le brave Hermann, qui, lui aussi, avait reçu du ciel d'heureuses dispositions pour faire des recherches et des enquêtes, s'occupa d'apprendre quand Thérèse devait épouser Michel.

Au reste, cela ne lui donna pas beaucoup de peine, et après avoir interrogé adroitement Antoine, qui se livra peu, Michel, qui se livra moins encore, et enfin Denizot, qui parla tant qu'on voulut l'écouter et emplir son verre, il apprit que la date de ce mariage était fixée à la fin de l'année 1870.

— Et pourquoi cette date éloignée? demanda le baron lorsqu'Hermann, tout fier de sa découverte, lui reporta cette nouvelle.

— Une idée de la jeune fille; son père voudrait avancer le mariage,

— C'est un brave homme.

— Il est exposé à être renvoyé un de ces jours en prison, et il voudrait marier sa fille avant; mais la petite ne veut pas.

— Pourquoi ne veut-elle pas?

— On ne sait pas : idée de jeune fille, sans doute, elle ne donne pas ses raisons.

Cela n'était pas pour rassurer le baron; avant la fin de 1870, il pouvait se passer tant de choses! En tout cas, ce qui se passerait certainement ce serait la rupture du mariage du colonel et de Carmelita. Or, à ce moment, Thérèse n'étant pas la femme de l'ouvrier Michel, le colonel pouvait très bien revenir à elle et l'épouser lui-même.

Il fallait donc que Thérèse quittât Paris et c'était à ce départ qu'il devait employer les ressources de son esprit, son énergie, ses relations.

Sans perdre de temps il appela Hermann à son aide.

— Ce que vous m'avez dit d'Antoine Chamberlain est malheureusement vrai, j'ai appris confidentiellement qu'il allait être arrêté sous l'inculpation de société secrète. Prévenez-le qu'il ne se laisse pas prendre, mais ne lui dites pas de qui vous tenez ce renseignement.

— Antoine ne voudra pas se sauver.

— Il aura tort, et je ne saurais trop vous engager à user de tous les moyens pour l'y décider. Si votre association est d'avis qu'Antoine Chamberlain peut vous mieux servir en restant libre qu'en se laissant mettre en prison, il me semble qu'il n'aura qu'à obéir. Et cela est facile à démontrer, c'est votre affaire, mon brave Hermann. Antoine a de mauvais antécédents judiciaires; la justice le condamnera sévèrement, il aura au moins trois ans de prison et peut-être plus. Croyez-vous qu'il ne vous manquera pas pendant ces trois ans? Assez d'autres seront pris, qui affirmeront hautement vos droits. Antoine a trop de valeur pour être réduit à ce rôle de martyr.

— Il ne voudra jamais partir.

— Il le voudra, s'il ne peut pas refuser et surtout s'il voit qu'il peut être utile. C'est précisément ce qui aura lieu. Vous rappelez-vous ce qui s'est passé en 1867, au moment où l'on a pu craindre une guerre entre la France et la Prusse?

— Les ouvriers ont écrit et signé des adresses fraternelles qui se sont échangées entre Allemands et Français.

— Eh bien, nous sommes peut-être à la veille d'événements plus menaçants qu'en 1867; la guerre est dans l'air, tout le monde la sent. C'est le moment plus que jamais de revenir à ces adresses fraternelles. Antoine Chamberlain est connu des chefs de votre association en Allemagne; il pourra exercer une utile influence et entraîner une vigoureuse pression sur l'opinion publique, et quoi qu'on dise, on compte toujours avec l'opinion publique. Je vous marque cela en deux mots, et laisse votre intelligence tirer les conséquences de cette indication, Antoine Chamberlain n'a aucun rôle utile à remplir à Paris, il en a un d'une importance capitale à prendre en Allemagne. Il me semble que vous devez le décider à partir. Commencez par mettre vos archives en sûreté, et vous-mêmes, mettez-vous-y aussi ; au moins ceux qui le peuvent et qui le doivent.

XIV

C'était un système dont le baron s'était toujours bien trouvé de donner, dans des circonstances graves, ses instructions d'une façon assez vague.

Il s'en rapportait à l'intelligence de ceux qu'il employait.

Si l'affaire réussissait, il en avait tout le mérite, puisqu'il l'avait inspirée ;

Si elle échouait, son agent avait toute la responsabilité de cet échec : c'était sa faute, il avait mal compris ce qui lui avait été expliqué. On ne lui avait pas noté le détail.

Mais qu'importe le détail pour qui est intelligent ?

En tous cas le baron trouvait à ce système l'avantage de ne s'engager qu'autant qu'il lui convenait.

Avec Hermann, qu'il avait plus d'une fois employé, il était pleinement tranquille, et il savait que les quelques indications qu'il n'avait pas voulu préciser seraient intelligemment développées : si Antoine Chamberlain pouvait être poussé à quitter Paris et la France, il le serait sûrement par Hermann, qui s'emploierait avec zèle et devouement à cette tâche.

Depuis longtemps le baron savait par expérience que ce sont les gens de bonne foi, qui peuvent rendre les plus grands services.

Hermann avait la foi, il était de plus attaché à Antoine ; il agirait sans qu'il fût besoin de le relancer.

Et de fait il aurait agi, mais Antoine avait refusé de quitter Paris.

— On devait l'arrêter? eh bien! on l'arrêterait; il ne lui convenait pas de fuir comme un coupable.

On lui avait montré qu'il ne s'agissait pas en cette question de ce qui lui convenait ou ne lui convenait pas; il fallait avoir souci de ce qui pouvait être utile à la cause et à l'association, rien de plus.

L'avis unanime avait été qu'il ne devait pas se laisser arrêter.

Antoine avait cédé, mais sur un point il avait été inébranlable: il attendrait qu'on eût lancé contre lui un ordre d'arrestation.

Huit jours après que le baron Lazarus avait annoncé à Hermann qu'Antoine Chamberlain devait être prochainement arrêté, un commissaire de police, accompagné de trois agents en petite tenue et de six agents en bourgeois, la canne à la main, se présenta rue de Charonne à cinq heures du matin: la grande porte était fermée.

Elle ne s'ouvrit pas aussitôt que la sonnette eut été tirée, et cependant le concierge s'était réveillé: un agent, qui avait collé son oreille contre la porte, entendit un bruit qui ressemblait à des pas légers courant sur le pavé de la cour.

Enfin le concierge, sans ouvrir la porte, demanda qui était là.

— Au nom de la loi, ouvrez!

— C'est bon, dit-il sans s'émouvoir, on va vous ouvrir.

Instantanément cinq agents se jetèrent dans la cour; mais elle était sombre et de plus encombrée, comme à l'ordinaire, de ferraille et de pièces de bois, il y eut une chute et des jurons.

Un agent avait une lanterne sourde, il en ouvrit les volets et la lumière se fit.

Sans rien demander au concierge, cet agent, suivi du

commissaire de police, se dirigea vers l'escalier qui conduisait au logement d'Antoine.

Un agent intima au concierge l'ordre de rentrer dans sa loge et se plaça devant la porte; d'autres agents suivirent leur chef, marchant en évitant autant que possible de faire du bruit.

Ils arrivèrent au quatrième étage, devant une porte sur laquelle se lisait, gravé dans le bois, *Chamberlain*.

Le commissaire frappa, on ne répondit pas; il frappa de nouveau plus fort, un agent frappa à son tour avec sa canne.

Enfin, au bout de plusieurs minutes, on entendit un bruit de pas à l'intérieur.

— Qui est là ? demanda une voix d'homme.

— Au nom de la loi, ouvrez !

— Qui me dit que vous n'êtes pas des voleurs ? répondit une voix goguenarde, ça s'est vu.

Gravement le commissaire déclara qu'il avait un mandat de justice à faire exécuter.

— La justice, on ne lui demande rien, répondit la même voix goguenarde.

— C'est elle qui va te demander quelque chose, mauvais gredin, dit un agent.

— Des injures ! c'est la police, dit la voix, et presque aussitôt la porte s'ouvrit, tirée par Denizot, qui montra son visage narquois.

Derrière lui, se tenait Sorieul, calme et digne.

— De quel droit troublez-vous notre repos ? demanda Sorieul.

— J'ai un mandat d'amener contre Antoine Chamberlain, dit le commissaire, ouvrant son paletot et montrant son écharpe.

— Faites voir, je vous prie, dit Sorieul.

Pendant ces quelques paroles qui s'étaient échangées

assez rapidement, les agents avaient envahi l'atelier et la cuisine.

— Antoine Chamberlain n'est pas ici, dit Sorieul.

— Allons donc ! on a établi une surveillance ; depuis trois jours, il n'est pas sorti.

— Dites qu'il n'est pas rentré.

— C'est bien, nous allons voir.

— Faut-il donner du feu à ces messieurs ? demanda Denizot, ils auront besoin de voir clair.

Comme un agent voulait ouvrir la porte de la chambre de Thérèse, Sorieul se plaça devant lui.

— C'est la chambre de ma nièce, dit-il, et vous n'entrez pas dans la chambre d'une jeune fille, sans doute ?

— En v'là des manières ! dit l'agent, et il écarta Sorieul.

Mais, comme il mettait la main sur la clef, la porte s'ouvrit, tirée du dedans, et Thérèse parut, vêtue d'une robe, passée à la hâte.

A ce moment, un agent qui avait disparu, revint et s'adressant au commissaire de police :

— L'oiseau a déniché, dit-il ; je viens de tâter son lit, il est chaud encore.

— Que personne ne bouge, dit le commissaire et qu'on fouille toutes les armoires.

Puis, après avoir placé deux agents en faction devant la porte, il commença ses recherches.

Mais elles n'aboutirent à aucun résultat ; on regarda sous les lits, on déplaça les panneaux de bois qui étaient entassés dans l'atelier, on fouilla les commodes et les armoires en jetant les habits au milieu de la chambre ; on ne trouva pas celui qu'on venait arrêter.

— Vous n'y voyez peut-être pas assez clair, disait Denizot ; si ces messieurs veulent une autre lampe ?

Les agents le regardaient de travers, mais il conservait sa figure narquoise et il tournait autour d'eux en clopinant.

Dans sa chambre, caché derrière son lit, se trouvait un grand placard posé contre la muraille, la clef n'était pas sur la porte.

— La clef ? dit un agent en tirant le lit.

Denizot prit une figure navrée et leva son bras au ciel avec un geste désolé, en homme désespéré qu'on eût découvert cette cachette.

— La clef..., balbutia-t-il, la clef ; je l'ai perdue... je ne sais pas où elle est... mais il n'y a rien, je vous assure, ma parole !

— Voyons, la clef, répéta l'agent, et plus vite que ça.

Denizot se fouilla, chercha dans une poche, dans une autre.

— Enfoncez la porte, dit un agent.

En voyant qu'on allait enfoncer cette porte, Denizot se décida à prendre la clef à un clou où elle était accrochée, mais il parut n'avoir pas la force d'ouvrir la porte lui-même.

La porte fut vivement ouverte, et Denizot partit d'un formidable éclat de rire.

Ce placard, qui était collé contre la muraille, n'avait pas dix centimètres de profondeur ! il ne renfermait que de vieux habits accrochés à des clous.

C'était une nouvelle farce que Denizot s'était amusé à jouer aux agents.

— Antoine n'est pas bien gros, dit-il, mais, c'est égal, il aurait été aplati. Pourquoi n'avez-vous pas voulu me croire ? Je vous avais donné ma parole qu'il n'y avait rien là-dedans.

Il était évident que, si ce boiteux plaisantait si tranquillement, cela tenait à ce qu'il savait celui qu'on recherchait en sûreté.

Cette jeune fille aussi était trop calme pour craindre quelque chose.

L'arrestation avait été mal combinée ; pendant tout le

temps qu'on avait perdu à se faire ouvrir les portes, celle de la rue comme celle du logement de l'ouvrier, celui-ci avait pu se sauver.

On ouvrit les fenêtres, on regarda dans le chêneau, on chercha sur le toit. On ne le trouva pas, mais un agent remarqua qu'il avait pu par ce toit gagner facilement la maison voisine.

Ne pouvant saisir l'homme lui-même, on n'eut pas la consolation de saisir ses papiers; son pupitre était vide et ne contenait que du papier blanc: pas le moindre registre, pas la moindre lettre.

Pendant qu'on procédait aux dernières recherches, Denizot avait été se placer à la porte et là il attendait au port d'armes, fredonnant entre ses dents une chanson dont les paroles arrivaient aux oreilles des agents :

Zut au préfet,
Mes respects aux mouchards;
Oui, voilà, oui, voilà Balochard.

Quand un agent passait devant lui pour sortir, il le saluait avec la démonstration de la joie la plus respectueuse.

— Au revoir, disait-il, au plaisir de vous revoir; l'escalier est mauvais, faites attention à la soixante-treizième marche.

Enfin, le dernier agent sorti, Denizot put refermer la porte, et alors il se mit à danser dans l'atelier.

— Enfoncée la police!

Et les copeaux, mêlés à la sciure de bois, soulevés par ses pieds, voltigeaient autour de lui.

Mais Sorieul l'arrêta, déclarant cette joie intempestive.

— Attends qu'Antoine soit sorti de France; s'ils n'ont pas pu le prendre ici, ils vont le chercher ailleurs. Tu n'aurais pas dû les exaspérer par tes plaisanteries.

— Je les attendrirai par mes larmes quand ils viendront

vous arrêter, répondit Denizot; car on arrêtera tout le monde bientôt.

— Quand aurons-nous des nouvelles de mon père? demanda Thérèse.

— Il faut attendre, répondit Sorieul; le colonel trouvera moyen de nous faire savoir indirectement ce qui se sera passé.

— Pourvu que mon cousin soit chez lui!

Une heure environ après que les gens de police eurent quitté la rue de Charonne, un commissionnaire sonna à la porte de l'hôtel Chamberlain. Malgré l'heure matinale le concierge voulut bien ouvrir. Mais, quand il apprit qu'il s'agissait de porter une lettre à M. Horace et qu'on attendait la réponse, il poussa les hauts cris.

— Ce n'est plus seulement le soir, c'est encore le matin maintenant; rentré à minuit, on le relance dès le petit jour, on le tuera.

Cependant il consentit à faire remettre la lettre, et dix minutes après Horace descendit pour dire au commissionnaire qu'il allait porter lui-même la réponse demandée.

En effet, il se dirigea vers un petit café de la rue du Faubourg-Saint-Honoré; là il trouva Antoine Chamberlain attablé dans un coin et tournant le dos à la lumière.

Comme il allait pousser une exclamation, Antoine mit un doigt sur les lèvres. Alors Horace s'avança discrètement et s'assit en face d'Antoine.

— Le colonel est-il chez lui? demanda celui-ci.

— Oui.

— Eh bien! je vous prie de l'éveiller et de lui dire de venir me trouver ici. On a voulu m'arrêter pour affaires politiques, et j'ai besoin de le voir. Ne l'accompagnez pas, donnez-lui le numéro de ce café, et qu'il ne vienne qu'après avoir fait un détour, de peur d'être suivi.

Une demi-heure après, le colonel entra à son tour dans le café et vint s'asseoir à la table de son oncle.

Ils se serrèrent la main affectueusement ; puis, s'accoudant l'un et l'autre sur la table qui les séparait, ils se mirent à parler à voix basse, de telle sorte que le garçon qui allait çà et là, tournant autour de ces deux consommateurs mystérieux, ne pouvait entendre ce qu'ils disaient.

— Eh bien ! mon oncle ?

— Eh bien ! ce que je vous avais annoncé s'est réalisé, on est venu ce matin pour m'arrêter. Mais j'attendais cette descente de police et j'avais pris mes précautions en conséquence, décidé à ne pas me laisser arrêter. On faisait bonne garde autour de moi, le concierge et des amis. Quand la police a frappé à la porte de la cour, on a attendu avant d'ouvrir et pendant ce temps on est venu me prévenir; je ne me suis pas amusé à faire ma barbe. Ce n'était pas la première fois que les agents venaient dans l'atelier des Chamberlain, et je n'étais pas le premier de la famille qu'on tentait d'arrêter. Nous avons une route par le toit qui, pour ainsi dire, nous appartient : notre père l'a suivie, votre père l'a prise en 1831 ; moi, je l'ai employée plusieurs fois. Je suis sorti par la fenêtre.

— A votre âge, mon oncle ?

— A mon âge, j'ai le pied sûr encore, surtout quand je sais que les agents montent l'escalier. Et puis Michel avait voulu m'accompagner ; il m'a tendu la main, et le voyage, qui n'est pas long d'ailleurs, s'est heureusement accompli. Pendant qu'on m'attendait rue de Charonne, je suis tranquillement sorti par la rue de la Roquette ; j'ai dit adieu à Michel, et me voilà.

— Pourquoi n'êtes-vous pas venu directement chez moi ?

— Par prudence ; d'ailleurs ce n'est pas l'hospitalité que je vous demande, c'est plus que cela ; mon intention n'est pas de rester à Paris où je n'aurais rien à faire présentement ; je veux quitter la France et passer en Allemagne, où j'ai besoin, et je viens vous demander de m'aider à franchir la frontière.

— Je suis à votre disposition, mon oncle.

— J'étais sûr de votre réponse, mon neveu, et voilà pourquoi je suis venu à vous. A Paris, je ne suis pas trop maladroit pour manœuvrer; mais au delà des fortifications, je suis certain que je me ferais prendre tout de suite. Le gendarme me rend timide et bête.

— Et où voulez-vous aller ?

— En Allemagne, où Thérèse me rejoindra, mais la route m'est indifférente, je prendrai celle que vous me conseillerez.

Le colonel réfléchit un moment.

— Ici, dit-il, nous sommes mal pour combiner notre plan, nous n'avons pas d'indicateur ; nous allons sortir. Moi, je vais rentrer à l'hôtel par la grande porte ; vous, vous allez prendre la rue de Valois, à cette heure déserte. En longeant le mur de mon jardin, vous apercevrez une petite porte : elle sera ouverte. Vous la pousserez, et vous serez chez moi, où nous pourrons délibérer en paix.

Les choses s'accomplirent ainsi, et le résultat de cette délibération, tenue tranquillement dans l'appartement du colonel, fut qu'Antoine partirait le soir pour Bâle ; seulement, au lieu de prendre le train à Paris, où une surveillance pouvait être organisée, il le prendrait à Nogent. Le colonel l'accompagnerait jusqu'à Bâle.

Laissant son oncle dans son appartement, où Horace seul le servit, le colonel, pour écarter tous les soupçons, sortit comme il en avait l'habitude.

A onze heures du soir, ils montèrent ensemble en voiture, rue de Valois, et se firent conduire à l'entrée de Nogent, où ils renvoyèrent leur voiture. Ils traversèrent à pied le village et arrivèrent à la gare en temps pour prendre le train d'une heure. Mais le colonel ne demanda pas des billets directs pour Mulhouse ou pour Bâle ; il les prit pour Longueville; à Longueville, il en prit d'autres pour Troyes; à Troyes, d'autres pour Vesoul; à Vesoul, d'autres pour Mulhouse; à Mulhouse enfin, d'autres pour Bâle.

Si on les suivait, il serait bien difficile de se reconnaître dans cette confusion.

Ils passèrent la frontière sans difficulté. A Saint-Louis, Antoine crut, il est vrai, qu'on l'examinait avec attention, mais ce fut une fausse alerte.

A Bâle, le colonel embrassa son oncle et le quitta, ayant hâte de revenir à Paris pour rassurer Thérèse.

Il eût voulu faire pour elle ce qu'il avait fait pour Antoine, et l'accompagner jusqu'à Bâle pour la remettre aux mains propres de son père qui l'attendait; mais il n'osa pas se proposer pour ce voyage, par respect pour Michel, et ce fut Sorieul qui dut la conduire.

Il se trouva seulement à la gare de l'Est, pour lui faire ses adieux avant qu'elle montât en wagon.

Michel était là aussi.

Ces adieux furent tristes : elle partait pour l'exil. Quand se reverraient-ils? Quelle existence allait-elle mener?

Antoine, il est vrai, lui avait dit et répété qu'il ne resterait pas longtemps en Allemagne, et qu'il rentrerait quand l'Empire serait renversé, ce qui devait arriver très prochainement. Mais c'étaient là les paroles d'un fanatique qui croyait naïvement ce qu'il espérait.

Comme il témoignait ses craintes à Sorieul, tandis que Michel entretenait Thérèse :

— Soyez sûr que l'Empire n'en a pas pour longtemps, dit Sorieul; avec ma brochure je lui ai porté un rude coup dont il ne se relèvera pas.

XV

Exactement et régulièrement renseigné, le baron Lazarus fut informé jour par jour de ce qui se passait chez Antoine Chamberlain.

Par Hermann, il apprit la descente de police rue de Charonne, la fuite d'Antoine par les toits, le séjour chez le colonel, la conduite faite par celui-ci à son oncle jusqu'à Bâle, enfin le départ prochain de Thérèse pour aller rejoindre son père.

Il voulut même assister à ce départ, pour voir comment le colonel se séparait de sa petite cousine, et il se rendit à la gare de l'Est.

Trois quarts d'heure avant le départ du train, il vit arriver le colonel, qui se promena en long et en large dans la salle des pas-perdus, insensible à ce qui l'entourait, n'ayant d'attention que pour les voitures qui apportaient des voyageurs.

Il était visible que ce départ le troublait; il marchait vite, il s'arrêtait tout à coup, et ses lèvres s'agitaient comme si elles prononçaient tout bas des paroles qui de temps en temps étaient accompagnées d'un geste énergique de la main.

Assis sur un banc dans l'ombre, et de plus cachant son visage derrière un numéro de l'*Allgemeine Zeitung*, qu'il ne pouvait pas lire, le baron ne perdit pas le colonel de vue, sans que celui-ci eût l'idée de regarder ce lecteur dont les yeux le suivaient.

Une voiture s'arrêta devant le perron et il en descendit deux hommes, un vieux et un jeune, puis une jeune fille.

Le colonel se dirigea vers eux et tendit tout d'abord la main à la jeune fille. Le baron l'étudia : elle lui parut jolie avec quelque chose d'attrayant, de charmant dans toute sa personne qui la rendait véritablement dangereuse.

Il était heureux qu'elle quittât Paris; car, à la regarder, on comprenait très bien que le colonel éprouvât pour elle de tendres sentiments.

Pour le moment, il lui parlait avec un embarras qui se trahissait manifestement, et elle-même en lui répondant paraissait assez contrainte.

Chez tous deux, il y avait de l'émotion.

Le baron eût voulu entendre ce qu'ils disaient, mais il n'osa les approcher.

De même, il n'osa pas non plus les suivre dans le vestibule de la salle d'attente, lorsqu'ils eurent pris leurs billets : il y aurait trop à craindre que le colonel le reconnût.

Il attendit qu'on fermât les portes, et, quand le colonel revint avec Michel dans la salle des pas-perdus, il l'aperçut par hasard.

— Vous ici, colonel? quelle heureuse rencontre! J'étais venu accompagner un ami qui repart pour l'Allemagne.

Le colonel ne paraissait pas disposé aux longues conversations, mais il fallut, bon gré, mal gré, qu'il acceptât la compagnie du baron.

Mais en chemin le baron n'en put rien tirer : c'était à peine si le colonel répondait par un *oui* ou par un *non* aux questions qui lui étaient posées.

Il ne dit pas un mot des personnes qu'il venait de quitter, et le baron ne laissa pas comprendre qu'il connaissait ces personnes.

Le but qu'il s'était proposé en venant à la gare était atteint : il avait vu partir cette petite cousine qu'il redoutait tant, et l'effet produit par ce départ sur le colonel lui avait montré le bien fondé de ses craintes.

Maintenant il pouvait agir plus librement, et tourner toutes ses forces du côté de Beio.

Il était inutile de laisser les choses traîner en longueur

mieux valait frapper le coup aussitôt que possible.

Ce jour-là il était arrivé à la leçon avec un retard assez long, et, pendant que Flavie travaillait, il avait donné des marques de préoccupation assez fortes pour que Beio dût les remarquer. Comme à l'ordinaire, la leçon finie, ils sortirent ensemble. Le baron paraissait si mal à l'aise, que Beio s'informa de sa santé.

— Ce n'est pas la santé qui va mal, c'est l'esprit. Je suis sous l'impression d'une grave contrariété et je crains bien d'avoir fait une double sottise.

Le maître de chant n'était pas questionneur, mais le baron n'avait pas besoin d'être interrogé pour parler.

— J'ai risqué un grand coup aujourd'hui; je me suis franchement expliqué avec le prince Mazzazoli d'une part, et d'autre part, avec le colonel Chamberlain, à propos de ce mariage qui me tourmente de plus en plus. En face, je leur ai dit ce que j'en pensais; tout ce que j'en pensais, c'est-à-dire tout ce que je vous ai souvent raconté.

— Et le prince s'est fâché? demanda Beio, qui arrivait toujours à lâcher une question quand le baron avait fouetté sa curiosité.

— Fâché, n'est pas le mot, mais il est vivement contrarié, et il m'a donné à comprendre que je me mêlais de ce qui ne me regardait pas. Nous avons échangé quelques paroles malsonnantes. Avec le colonel, la scène a été moins vive, mais elle n'a pas produit un meilleur résultat D'un côté comme de l'autre, il y a parti pris, et le mariage se fera. Pour moi, je ne m'en mêlerai plus. C'est leur affaire après tout, ce n'est pas la mienne. Je ne vais pas, par simple bonté d'âme, me jeter ainsi entre eux. Qu ils s'arrangent! S'ils sont malheureux et ils le seront. ils ne diront pas qu'ils n'ont pas été prévenus. D'ailleurs il n'y a plus rien à faire. Il paraît que les formalités son, accompiies, et l'on va pouvoir fixer la date précise du mariage. J'avais toujours espéré qu'au dernier moment, le bienheureux hasard me fournirait un empêchement, et je vous donne ma parole que je ne l'aurais pas laissé passer sans m'en servir; mais je vois qu'il faut renoncer à cette espérance et j'y renonce.

Beio hésita un moment, le baron crut qu'il allait enfin parler, bien certainement un combat se livrait en lui. Mais, après quelques secondes, le maître de chant salua le baron et s'éloigna.

— Quel imbécile! se dit le baron; il est capable de me traîner ainsi et de me faire dépenser mon argent. J'en ai assez de ses leçons!

Deux jours après, il revint à la charge, mais cette fois en employant une autre tactique.

— Puisque les allusions et les insinuations ne réussissent pas, se dit-il, essayons d'un moyen plus direct.

Et il mit ce moyen en œuvre en sortant de chez Flavie. Au lieu de monter en voiture, il prit le professeur par le bras, comme il l'aurait fait avec un intime.

— Vous voyez en moi, dit-il de sa voix la plus insinuante, un homme qui a pris une grande résolution : c'est celle de vous faire violence.

Comme Beio, le regardait avec surprise, le baron se mit à rire d'un air bon enfant, plein de franche cordialité.

— Rassurez-vous, n'ayez aucune peur; je ne veux pas vous faire de mal, au contraire. Quels sentiments croyez-vous que je ressens pour vous, monsieur Beio? demanda-t-il en regardant le maître de chant en face.

— Mais, monsieur le baron, je ne sais en vérité que vous répondre.

— Comment, vous ne savez pas que j'éprouve pour vous une vive, une très vive sympathie? Je suis donc bien dissimulé, ou bien vous, vous êtes donc aveugle? Il faut que je vous dise en plein visage que j'ai pour vous, non-seulement pour votre talent, que j'admire, mais encore pour votre personne, une grande estime ? Elle est si vive qu'elle m'a inspiré une idée qui a germé dans mon esprit en pensant a ce maudit mariage. Savez-vous ce que je me suis dit souvent en vous regardant pendant que vous faisiez travailler Flavio ? Je vais vous le répéter, parce que j'ai pour habitude de ne rien cacher ; tout ce qui me passe par l'esprit, tout ce que je pense des gens, je le dis. Voilà comme je suis fait. Est-ce bien ? est-ce mal ? ce n'est pas la question. Je suis ainsi. Eh bien ! ce que je me suis dit souvent, c'est que le mari qui convenait à Carmelita, c'était...

Le baron fit une pause, en s'arrêtant et en forçant Beio à s'arrêter aussi et à le regarder en face.

— Je me suis dit que c'était... vous.

— Moi ?

— Oui, vous, vous-même, et je vais vous expliquer comment cette idée m'est venue et sur quoi elle repose. Cela ne vous ennuie point, n'est-ce pas ?

Les yeux, les lèvres, les mains tremblantes de Beio, son attitude, toute sa personne, répondirent pour lui.

— Qu'est-ce en réalité que Carmelita ? continua le baron. Une créature placée par la Providence dans une classe à part et au-dessus des autres ; en un mot et pour tout dire, une artiste, créée, née artiste, Qu'êtes vous vous-même ? Aussi un artiste, et des plus remarquables ; mais bien différent de Carmelita, qui a reçu tous les dons dont elle est si riche, de la nature, tandis que vous devez beaucoup au travail et à l'art. Mais cela importe peu, et le point de départ est l'essentiel. Ce point vous est donc commun et vous rapproche l'un de l'autre, sympathiquement il vous unit. Vous me direz que d'un autre côté des choses vous séparent. C'est juste et je n'en disconviens pas. Cependant il ne faut pas s'exagérer leur importance, au contraire, il faut reconnaître ce qu'elles ont de factice.

Ainsi ne pensez pas que pour moi j'aie été dupe des raisons mises ostensiblement en avant par le prince pour expliquer le travail de Carmelita ; j'ai vu clair sous ces raisons. Le prince, désespérant de réaliser le beau mariage qu'il poursuivait depuis longtemps pour sa nièce, pensait à la faire débuter au théâtre Est-ce vrai ?

Beio ne répondit rien à cette interrogation directe.

— Vous ne voulez pas livrer un secret qui vous a été confié, j'approuve cette discrétion ; mais, que vous confirmiez ou ne confirmiez pas ce que je vous dis là, il n'en est pas moins certain que c'est la vérité. Alors rien d'étonnant à penser, n'est-ce pas ? que Carmelita, entrant au théâtre, vous prenait pour guide et pour soutien. Toutes les raisons de famille et de noblesse, écartées de fait pour le théâtre, l'étaient naturellement pour le mariage. Vous avez vu, vous voyez en ce moment que mon besoin de tout dire m'entraîne parfois à d'étranges confidences. Cette idée de mariage entre vous et Carmelita ayant poussé dans ma tête, je n'ai pu m'empêcher d'en parler à Carmelita en cherchant à découvrir son sentiment à ce sujet.

— Et...

— Vous connaissez Carmelita mieux que moi, vous savez comme elle est réservée, même mystérieuse : c'est un sphinx. Elle ne m'a pas répondu franchement que j'avais raison, et je dois même, pour être sincère, vous avouer qu'elle n'est nullement désespérée de ce beau mariage.

– Elle aime la fortune.

– Sans doute. Cependant, après avoir reconnu le mauvais, je dois constater aussi le bon ; c'est que ce n'est pas seulement la fortune qu'elle aime ; elle n'est pas uniquement une femme d'argent. Il y a en elle d'autres sentiments, plus nobles, plus désintéressés. Sans doute cette immense fortune du colonel Chamberlain l'éblouit, et, placée dans le milieu où elle est, avec son entourage, son oncle, sa mère, le monde qui, tous, s'occupent à faire miroiter cette fortune, il n'est pas étonnant qu'elle subisse cette influence. Mais il n'en est pas moins vrai qu'au fond, malgré cet éblouissement qui la trouble, elle jette des regards en arrière. Me croyez-vous sincère?

Assurément Beio ainsi interrogé, croyait le baron Lazarus sincère.

— Eh bien, je suis convaincu que si on avait fait une tentative sérieuse, ce mariage aurait été rompu, et il l'aurait été par Carmelita. Quand je dis « on » vous comprenez de qui je parle; c'est de vous, monsieur Beio. Moi, je l'ai faite, cette tentative, mais d'une façon indirecte, indécise, qui ne pouvait aboutir, puisque je parlais en l'air sans pouvoir donner une conclusion à mes paroles; et cependant l'effet que j'ai produit a été si grand que j'ai eu la conviction que le succès était encore possible. Et voilà pourquoi j'ai eu avec vous cet entretien, qui a dû vous surprendre, mais dont vous voyez maintenant le but. J'aime le colonel Chamberlain, j'aime tendrement Carmelita; je crois qu'ils seront malheureux s'ils se marient. D'un autre côté, j'ai pour vous une haute estime, une vive sympathie, je crois que vous êtes le mari qui peut donner le bonheur à Carmelita, je me mets à votre disposition pour rompre le premier mariage et conclure le second.

Arrivé à cette conclusion, le baron s'arrêta de nouveau, et abandonnant le bras du chanteur, il lui tendit la main.

Beio mit sa main dans celle du baron.

— Monsieur le baron, dit-il, j'aurai l'honneur de vous revoir.

— Est-ce qu'il est fou? se demanda le baron.

Mais non, il n'était pas fou; troublé, bouleversé, affolé par ce qu'il venait d'entendre.

Décidément le baron avait bien fait de risquer cette tentative hardie, et qui pouvait même paraître au premier abord désespérée. Il ne s'était pas trompé dans ses observations. Beio aimait Carmelita et il avait entretenu l'espérance de l'obtenir pour femme.

Et le baron, rentrant chez lui satisfait de sa journée, alla embrasser tendrement sa fille.

— Cette chère enfant, c'était pour elle qu'il travaillait, et l'espérance de la voir heureuse lui donnait des idées. Elle aurait la fortune du Colonel Chamberlain et il administrerait cette fortune. S'appuyant, se haussant sur elle, où ne parviendrait-il pas? Et le prince Mazzazoli, qui se flattait d'avoir cette fortune! Qu'en aurait-il fait, le pauvre homme? Et puis franchement, est-ce que ce brave colonel Chamberlain méritait d'avoir pour femme une Carmelita, une chanteuse? Allons donc! C'était venir en aide à la Providence que d'empêcher ce mariage. Avec Ida le colonel serait l'homme le plus heureux du monde: c'était pour le bonheur de tous qu'il agissait, au moins de ceux qui méritent le bonheur.

Il pria sa fille de se mettre au piano :

—Joue-moi du Mozart, dit-il; j'ai besoin d'entendre une musique simple et pure.

Et, pendant une heure, il resta à écouter cette musique qui accompagnait délicieusement sa rêverie.

Le lendemain matin, à son lever, on lui annonça qu'un monsieur, dont on lui remit la carte, l'attendait depuis longtemps déjà.

Ce monsieur, c'était Lorenzo Beio.

Le baron n'avait pas l'habitude de se livrer à des mouvements de joie intempestifs, cependant il ne put pas s'empêcher de se frotter les mains.

Il avait réussi. Beio, de qui il avait si longtemps attendu une parole, était là prêt à parler.

— A mon tour maintenant, se dit le baron, de le voir venir.

XVI

Malgré le désir qu'il avait d'entendre ce que Lorenzo venait lui dire, il ne le reçut pas aussitôt.

Il y avait toutes sortes d'avantages à lui donner la fièvre par l'impatience de l'attente ; il parlerait avec moins de retenue et se livrerait plus facilement.

Il se mit à décacheter son courrier, mais sans le lire, classant seulement les lettres devant lui.

Lorsqu'il eut formé des liasses assez grosses pour bien montrer qu'il avait été absorbé par le travail, il sonna.

On introduisit Beio, grave et solennel.

Se levant vivement, le baron alla au-devant de lui, et s'excusa de l'avoir fait si longtemps attendre :

— Des affaires qui ne souffraient aucun retard et qu'il m'a fallu expédier tout de suite, mais au moins j'ai gagné ainsi la liberté d'être tout à vous.

— Monsieur le baron, dit Beio, j'ai tout d'abord des excuses à vous faire pour la façon inconvenante dont j'ai reçu hier la proposition que vous avez bien voulu m'adresser.

— Ne parlons pas de cela, je vous prie.

— J'étais en proie à une profonde émotion, à un trouble qui m'avait bouleversé ; je ne me sentais pas maître de moi, et, dans une affaire aussi grave, je ne voulais pas céder à un entraînement.

— Très-bien ! s'écria le baron en frappant plusieurs fois son bureau du plat de sa main ; vous êtes un homme de raison, monsieur Beio, et j'aime la raison par-dessus tout. Où va-t-on avec l'entraînement ?

Beio resta un moment sans prendre la parole, cherchant évidemment par où commencer cet entretien.

Enfin, il se décida; mais ses premiers mots furent prononcés d'une voix si basse, que ce fut à peine si le baron les entendit.

— Hier vous m'avez fait part de certaines observations et de certaines suppositions s'appliquant à mademoiselle Belmonte et à moi. Pour répondre à l'appel à la franchise que vous venez de m'adresser, je dois déclarer que ces observations et ces suppositions sont fondées.., au moins jusqu'à un certain point. Je veux dire qu'en supposant que j'avais pu m'éprendre d'un tendre sentiment pour mademoiselle Belmonte, vous ne vous êtes pas trompé. J'ai aimé, j'aime en effet mademoiselle Belmonte d'une passion profonde, absolue, folle.

Il n'avait pas besoin d'entasser ces qualificatifs les uns sur les autres; à la façon dont il avait dit : « J'ai aimé, j'aime mademoiselle Belmonte, » on sentait combien grand était cet amour. Jamais le baron n'avait entendu prononcer ces mots avec un accent si passionné.

— Bien, se dit-il, si malgré tout le mariage s'accomplit, le colonel ne tardera pas à être veuf; les Italiens ont du bon.

Beio continua :

— Ce qui doit vous faire comprendre comment cet amour s'est développé, c'est cette autre remarque de votre part, qui, elle aussi, est juste, que mademoiselle Belmonte se destinait au théâtre. Il est certain que l'amour naît souvent sans raison; mais enfin ce n'est point une jeune fille destinée à prendre une haute position dans le monde que j'ai aimée, c'est une camarade. Ceci expliquera pour vous comment j'ai pu penser que mademoiselle Belmonte serait ma femme un jour, et aussi comment, sous l'influence de cette espérance, mon amour s'est développé. N'avait-il pas un but légitime? Sans doute mademoiselle Belmonte pouvait arriver sans moi au théâtre, mais combien je lui rendais la route plus facile, combien je lui ouvrais de portes ! En réalité, elle était mon élève; pour tout dire, elle est mon ouvrage. Vous connaissez trop les choses du théâtre...

— Oh ! bien peu.

— Enfin, vous les connaissez assez pour savoir qu'on n'obtient pas de grands succès seulement avec la beauté et des dons heureux ; il faut plus, beaucoup plus. Ce plus, je le donnais à Carmelita ; je la soutenais et elle devenait une grande artiste. Cela valait bien un beau mariage, peut-être. En tout cas, Carmelita le comprit ainsi, et je pus croire qu'elle serait ma femme.

— Pardon, mon cher monsieur, mais je vous ai demandé de préciser autant que possible; je ne veux pas vous obliger à entrer dans des détails, un mot seul me suffira : y eut-il engagement formel de la part de Carmelita envers vous ?

Beio hésita un moment, puis il se decida :

— Il y eut un engagement formel entre nous, dit-il d'une voix ferme. Vous devez comprendre alors quelle fut ma stupéfaction en entendant parler de ce mariage. Je ne crus pas à cette nouvelle. Cependant je courus chez mademoiselle Belmonte pour avoir une explication avec elle; je la trouvai seule, et cette explication fut terrible. A mes reproches, elle ne répondit que par un mot : elle était obligée d'obéir à son oncle. Tout ce que peut inspirer la passion et la fureur, je le lui dis. Elle s'enferma dans cette réponse; pendant une heure, il me fut impossible d'obtenir d'elle autre chose. Je la quittai fou de colère. Mais, prêt à sortir, je rentrai et lui dis que puisqu'elle était insensible à la passion, je n'avais aucun ménagement à garder envers elle et que, n'importe comment, j'empêcherais ce mariage, si elle ne le rompait pas elle-même. Puis, je la quittai, et depuis ce jour je ne l'ai pas revue. Toutes mes tentatives pour arriver près d'elle ont été inutiles; on faisait bonne garde. Je lui ai écrit, mais j'ai la certitude que mes lettres ne lui sont pas parvenues.

— Alors, vous avez renoncé à demander l'accomplissement de l'engagement pris par Carmelita ?

— Non, certes; mais, avant d'en venir à l'exécution des moyens désespérés dont je l'ai menacée, j'ai voulu attendre encore et faire une dernière tentative : c'est dans ce but que je viens vous demander votre concours.

— Que faut-il faire ? Je suis à vous.

Beio tira lentement une lettre de sa poche, et il la tint un moment avec embarras dans sa main, avant de pouvoir se décider à répondre.

— Je n'ose vraiment, dit-il enfin.

— Vous n'osez me demander de remettre cette lettre à Carmelita ? dit le baron.

Beio inclina la tête et avança la main qui tenait la lettre.

Le baron eut un frisson de joie, cependant il ne prit pas la lettre.

— Vous me refusez ? dit Beio.

— Non, certes, et c'est me faire injure de croire que je puis reprendre ma parole. Je vous ai promis mon concours, je suis à vous. Si vous me voyez hésitant, c'est que je me demande si cette lettre produira l'effet que vous attendez, si elle rompra ce mariage et vous rendra Carmelita. Écrire est bien, mais parler est mieux.

— Et comment voulez-vous que je parle ? où le voulez-vous ?

— Où ? ici. Que diriez-vous, si je vous ménageais une entrevue avec Carmelita ?

— Vous feriez cela ?

— Oui, je le ferai. Ce n'est pas une lettre qui vous rendra celle que vous aimez et qui vous aime : il faut que vous lui parliez; il faut qu'elle vous voie, qu'elle vous entende. Que ne peut obtenir la voix de celui qu'on aime ? Vous lui parlerez donc ici même. Comment ? je n'en sais rien encore; mais je trouverai un moyen, soyez-en certain. Quand je l'aurai trouvé, je vous préviendrai. Jusque-là, tout ce que je vous demande, c'est de vous tenir en paix et de rester à ma disposition.

— Ah ! monsieur le baron, s'écria Beio tremblant d'émotion ; comment reconnaîtrai-je jamais ce que vous faites pour moi ?

Le baron lui prit les deux mains, et les lui serrant affectueusement :

— Mon Dieu, mon ami, qu'est-ce que je veux ? Le bonheur de tous : le vôtre, celui de Carmelita et aussi celui de mon brave et cher colonel. Que je vous voie heureux, et je serai payé de ma peine. A bientôt !

XVII

Beio parti, le baron se demanda s'il avait eu raison de ne pas prendre la lettre que celui-ci voulait lui confier.

Assurément il y avait des avantages à la tenir entre ses mains ; car, sans savoir ce qu'elle contenait, il était bien certain que ce n'était point une lettre innocente. Beio parlait de son amour et de l'engagement pris par Carmelita ; assuré que Carmelita serait seule à lire cette lettre, il s'exprimait en toute franchise, entraîné par la passion.

Remise au colonel, elle serait plus que suffisante pour l'éclairer.

Et cependant il ne l'avait pas prise.

Pour chercher le mieux, n'avait-il pas laissé échapper l'occasion qui se présentait si belle ?

Mais cette détermination, prise à l'improviste et sans avoir pu la peser, sans l'examiner lentement, comme il avait coutume de faire dans les circonstances graves, n'était pas sans le jeter dans le doute et l'inquiétude.

Si le plan qu'il avait adopté si vite, sans l'avoir étudié, allait ne pas réussir?

Il était bien hardi, ce plan, et bien aventureux. Car il ne s'agissait de rien moins que de rendre le colonel témoin de l'entrevue qui aurait lieu entre Carmelita et Beio.

A coup sûr, cela était audacieux. Mais aussi quel résultat décisif et triomphant!

Bien que Beio n'eût point expliqué de quelle façon il avait obtenu l'engagement de Carmelita, le baron était fixé à ce sujet. Carmelita était une fille passsionnée, cela se lisait dans ses yeux noirs, dans sa bouche charnue, dans ses lèvres sensuelles; elle avait la chaleur du Midi dans le sang; elle était de race latine, et qui plus est encore, de race italienne. Les principes ethnographiques, auxquels il croyait fermement, indiquaient qu'elle n'avait pas dû aimer Beio d'un amour idéal; c'était sur un fait matériel que cet engagement reposait. Il était donc bien certain que dans une explication comme celle qui s'engagerait entre Beio et Carmelita se croyant seuls, il se dirait des choses suffisantes pour éclairer le colonel sur le passé de sa fiancée.

Mais pour cela il fallait réunir chez lui, en même temps, Carmelita, Beio et le colonel.

Puis il fallait que Beio et Carmelita se crussent assurés contre toute surprise, de telle sorte qu'ils se laissassent entraîner à parler en toute franchise, à agir en toute liberté.

Enfin il fallait placer le colonel dans des conditions où ce serait le hasard seul qui lui ferait surprendre cet entretien.

Il y avait là un ensemble qui présentait de sérieuses difficultés, car rien ne devait manquer: au même moment, ces trois acteurs devaient se trouver nécessairement en face les uns des autres.

Mais le baron n'était pas homme à s'embarrasser des difficultés.

Une serre occupait le milieu du jardin et s'appuyait sur l'hôtel, communiquant avec le grand salon par deux larges baies qu'on tenait ouvertes ou fermées à volonté avec des portes-fenêtres ou avec des stores.

Ce fut cette serre que le baron choisit pour le lieu de la scène entre Beio et Carmelita, et ce salon pour y aposter le colonel; quant à Beio, il se tiendrait dans le jardin, caché n'importe où.

On ferait tout d'abord entrer le colonel dans le salon, dont les fenêtres en communication avec la serre seraient fermées par les stores.

Ensuite on introduirait Carmelita dans la serre, où on la laisserait seule, et où Beio viendrait aussitôt la rejoindre.

Du salon, le colonel entendrait tout ce qui se dirait dans la serre, et il arriverait certes un moment où, si peu curieux qu'il fût, il voudrait voir ce qui s'y passerait.

Mais, pour mener à bien ce plan ainsi disposé, le baron avait besoin d'un aide. Il prit sa fille. Seulement il ne jugea pas utile de lui expliquer à quoi il l'employait.

— Ma chère enfant, lui dit-il quand tout fut prêt, nous avons une surprise à faire à Carmelita; quand je dis nous, il faut entendre le colonel Chamberlain, qui a besoin de lui parler en particulier et qui ne veut pas lui demander cet entretien. Il faudra donc qu'un de ces jours tu amènes Carmelita avec toi, ici; tu la feras entrer dans la serre, et, sous un prétexte quelconque, tu la laisseras seule. Le colonel, qui sera dans le salon, ira la surprendre. C'est un service qu'il m'a demandé et que je puis d'autant moins lui refuser, que je crois qu'il s'agit de choses sérieuses. J'ai comme un pressentiment que le mariage de Carmelita avec le colonel n'est pas encore fait.

— Oh! papa.

— Chut !

Et le baron, mettant un doigt sur ses lèvres, se retira discrètement : il en avait dit assez.

Cela fait, il se retourna vers Beio et l'alla trouver chez lui ; car, en pareille affaire, il ne lui convenait pas d'écrire : les lettres se gardent.

— J'ai arrangé les choses, dit-il, ou plutôt je les ai préparées. Voici ce que j'ai imaginé (cela n'est peut-être pas très habile, car je reconnais que je n'entends rien à l'intrigue, mais il me semble que ce que j'ai en vue peut néanmoins réussir) : je fais venir Carmelita chez moi, et on l'introduit dans la serre, où on la laisse seule ; aussitôt vous, qui vous promeniez dans le jardin en prenant la précaution de ne pas vous laisser voir, vous vous glissez derrière elle, et, la porte de la serre refermée par vous au verrou, vous vous expliquez, sans craindre d'être entendu ou dérangé par personne. Vous trouverez dans cette serre un coin où vous serez cachés comme dans un bois : c'est auprès de la grotte, dans le fond, contre le mur de la maison. Amenez-la dans ce coin et ne craignez rien, vous y serez chez vous.

Beio trouva cet arrangement très heureux, cependant il proposa au baron une légère modification :

— Si, au lieu d'attendre l'arrivée de Carmelita dans le jardin, il l'attendait dans la serre même, caché dans la grotte ou derrière un arbuste ?

Mais le baron n'adopta pas cette combinaison, qui pouvait faire échouer son plan : en effet, Beio s'introduisant le premier dans la serre, pouvait appeler l'attention du colonel, tandis que c'était la voix de Carmelita qui devait frapper cette attention.

— Non, dit-il, j'aime mieux le jardin ; dans la serre il y aurait préméditation de votre part et complicité de la mienne. Il vaut mieux que cette rencontre arrive par hasard ; vous voyez Carmelita entrer dans la serre, vous la suivez : rien de plus naturel.

Enfin le baron s'adressa au colonel pour un service à lui demander, un renseignement sur l'Amérique, qui ne pouvait être précis qu'en ayant sous les yeux une masse de lettres.

Le colonel promit de se rendre le lendemain à l'hôtel de la rue du Colisée.

Mais ce n'était pas assez, il fallait préciser l'heure.

Le colonel indiqua trois heures de l'après-midi.

Aussitôt le baron prévient Beio de se tenir prêt pour le lendemain, et en même temps il envoya Ida chez Carmelita pour l'avertir que le lendemain, vers deux heures et demie, elle viendrait la chercher pour sortir en voiture.

Tout était prêt.

XVIII

Alors il s'endormit avec le calme qui n'appartient qu'aux grands capitaines.

Il avait fait pour le succès ce qui était humainement possible, le reste était aux mains de la Providence.

Aussi, avant de se laisser aller au sommeil, l'invoqua-t-il dans une dévote prière, pour qu'elle lui donnât une victoire qu'il croyait avoir bien méritée.

C'était pour sa fille chérie qu'il se donnait tant de peine ; Dieu ne bénirait-il pas ses efforts ?

Le lendemain, avant que la bataille s'engageât, il voulut veiller lui-même aux dernières dispositions à prendre et ne rien laisser au hasard.

Tout d'abord il alla dans la serre voir si le verrou n'était pas tirer intérieurement, puis il disposa les chaises devant la grotte et tira le tête-à-tête de manière à le bien placer vis-à-vis les baies du salon.

Cela fait, il arrangea lui-même les stores du salon et les tira jusqu'en bas.

Enfin il donna des ordres pour qu'en son absence, personne ne pénétrât dans le salon ou dans la serre, afin que tout restât bien tel qu'il l'avait disposé.

A deux heures, il envoya Ida en voiture aux Champs-Élysées, en lui recommandant de rester avec Carmelita jusqu'à deux heures cinquante-cinq minutes, de manière à ne revenir avec elle, rue du Colisée, qu'à trois heures précises.

Poussé par l'impatience et la fièvre, Beio arriva un peu avant l'heure qui lui avait été fixée ; mais cela ne dérangeait en rien le plan du baron, mieux valait cette avance qu'un retard.

Par quelques paroles adroites, le baron exaspéra cette impatience du maître de chant, en même temps qu'il s'efforça d'enflammer son espérance.

— Il était certain que Carmelita serait vaincue ; c'était une affaire d'entraînement, de passion. Non, jamais il ne croirait, lui, baron Lazarus, que cette charmante fille serait sourde à la voix de son cœur et n'écouterait que le tintement de l'argent. Son oncle et sa mère avaient pu la dominer ; mais, dans les bras de celui qu'elle avait aimé, qu'elle aimait, elle redeviendrait elle-même. Que fallait-il pour cela ? Assurément il n'avait pas la prétention, lui vieux bonhomme, n'ayant jamais été entraîné par la passion, de l'indiquer. Mais, dans son cœur, M. Beio trouverait certainement des élans irrésistibles. Personne à craindre, liberté absolue.

A son grand regret, le baron dut quitter M. Beio. Un rendez-vous d'une importance considérable l'appelait au dehors.

— Allons, mon cher monsieur, bon courage et bon espoir!

Avant de partir, le baron voulut indiquer à Beio l'endroit où il pourrait attendre dans le jardin l'arrivée de Carmelita, sans craindre d'être aperçu par celle-ci.

— A trois heures! Prenez patience, et, aussitôt qu'elle sera entrée dans la serre, glissez-vous derrière elle, franchement, et ne craignez rien.

L'affaire qui appelait le baron dehors était en effet pour lui d'une importance considérable: il ne s'agissait de rien moins que d'aller chercher le colonel.

Il ne fallait pas que celui-ci fût en retard.

Le succès tenait uniquement à une concordance parfaite dans les heures.

Au moment où le baron arriva chez le colonel, celui-ci allait sortir pour se rendre rue du Colisée.

— Passant devant votre hôtel, j'ai voulu voir si vous étiez encore chez vous, dit le baron.

Quelques minutes après, ils arrivaient rue du Colisée. Il était deux heures cinquante minutes.

Le colonel en entrant se dirigea vers le cabinet du baron, mais celui-ci l'arrêta par le bras:

— J'ai installé deux comptables dans mon cabinet pour une vérification importante, dit-il; nous ne pourrions pas parler librement devant eux. Entrons dans le salon, je vous prie; je donnerai des ordres pour que nous ne soyons pas dérangés. Au reste, à ce moment de la journée, je ne suis visible pour personne, et Ida est sortie.

Ils entrèrent dans le salon, où, sur une table devant la cheminée, entre les deux baies communiquant avec la serre, étaient disposées des liasses de lettres.

C'étaient quelques-unes de ces lettres que le baron voulait soumettre au colonel, pour avoir son sentiment sur la solvabilité et surtout la valeur morale de ceux qui les avaient écrites.

En plus de la parfaite concordance dans l'heure, il y avait encore un point décisif dans le plan du baron : il fallait qu'au moment où Carmelita entrerait dans la serre, le colonel et lui gardassent le silence dans le salon ; car, si Carmelita entendait la voix du colonel, il était bien certain que, malgré la surprise que lui causerait la brusque arrivée de Beio, elle ne parlerait pas.

Quand on se poste pour surprendre les gens, il est facile de garder le silence ; mais ce n'était point là le cas du colonel, et il était impossible de lui dire franchement : Taisez-vous.

Le baron avait prévu cette difficulté et il avait trouvé un moyen pour la tourner.

Tout d'abord, après avoir fait asseoir le colonel devant la table chargée de lettres et de manière à faire face à la serre, il prit ces lettres et d'une voix forte il adressa ses questions au colonel en lui nommant les personnes sur lesquelles il désirait être renseigné.

Il suivait l'aiguille sur le cadran de la pendule, il avait encore six minutes pour être bruyant.

Ce qui devait arriver se réalisa : le colonel répondit que parmi les noms qu'on lui citait, il y en avait plusieurs qu'il ne connaissait pas.

Le baron se montra vivement contrarié.

— Je suis un bien mauvais négociant, dit le colonel en riant, et puis ces personnes habitent Cincinnati, et mes relations avec cette ville n'ont jamais été bien fréquentes.

— Cependant vous connaissez M. Wright, le père de cette délicieuse jeune fille avec laquelle j'ai dîné chez vous.

— Sans doute, mais...

— Est-ce que M. Wright ne pourrait pas vous renseigner à ce sujet? interrompit le baron, pressé par l'heure.

— Ah ! assurément, et je lui demanderai volontiers ce que vous désirez savoir.

— Si vous vouliez...

— Quoi donc ?

— Me donner une lettre d'introduction auprès de M. Wright, je lui demanderais moi-même ces renseignements.

— Vous n'avez pas besoin d'une lettre d'introduction, il me semble.

— Si, je préfère une lettre non-seulement d'introduction, mais encore de recommandation ; cette affaire est pour moi capitale, ma fortune est en jeu.

— Alors je vous ferai cette lettre.

— Voulez-vous la faire tout de suite ? dit le baron, tendant une plume pleine d'encre.

— Volontiers.

Il était deux heures cinquante-huit minutes.

Le baron tenait ses yeux attachés sur la pendule, et, malgré son flegme ordinaire, il était agité par des mouvements impatients.

Trois heures sonnèrent, lè colonel écrivait toujours.

A ce moment, le baron entendit un bruit de pas sur le gravier de la serre, puis presqu'aussitôt une porte se referma dans un châssis en fer et un verrou glissa dans une gâche.

Beio était entré derrière Carmelita.

Instantanément un cri retentit :

— Lorenzo !

Le colonel leva brusquement la tête, la voix qui avait crié était celle de Carmelita.

— Oui, moi, répondit une voix que le baron reconnut pour celle de Beio.

— Ici !

— Vous n'avez pas voulu me recevoir chez vous, vous n'avez pas répondu à mes lettres ; je vous ai suivie, et me voilà. Maintenant nous allons nous expliquer.

— Et quelle explication voulez-vous ?

— Une seule : que vous me disiez pourquoi vous ne

voulez pas pour votre mari celui que vous avez bien voulu pour votre amant.

Le colonel s'était levé et il se dirigeait vers la serre.

Le baron le retint par le bras :

— Écoutez, dit-il.

Mais le colonel se dégagea.

— Je vous ai dit que j'empêcherais ce mariage, continuait la voix de Beio, et je l'empêcherai, dussé-je aller dire au colonel Chamberlain que vous êtes ma maîtresse ?

Le colonel était arrivé contre le store; d'un brusque mouvement, il le remonta.

Devant lui, se tenaient Beio et Carmelita en face l'un de l'autre.

A la vue du colonel, ils reculèrent tous deux de quelques pas, et Carmelita se cacha le visage entre ses mains.

Le colonel, l'ayant regardée durant quelques secondes, se tourna vers Beio.

— Le colonel Chamberlain vous a entendu, dit-il; vous n'aurez pas besoin d'aller à lui pour accomplir votre lâche menace.

Puis, revenant à Carmelita :

— Vous donnerez à votre oncle, dit-il, les raisons que vous voudrez pour expliquer que vous refusez d'être ma femme.

Sans un mot de plus, sans un regard pour Carmelita, il rentra dans le salon.

Alors, s'adressant au baron.

—Nous reprendrons cet entretien plus tard, dit-il.

Le baron courut à lui, les deux bras tendus; mais déjà le colonel avait ouvert la porte.

XVIII

Carmelita et Beio étaient restés en face l'un de l'autre, sans bouger, sans parler, comme s'ils avaient été pétrifiés par cette apparition du colonel, ses paroles et son départ.

Le baron s'avança vers Carmelita ; elle le regarda venir en attachant sur lui des yeux qui jetaient des flammes.

— Vous plaît-il que je vous reconduise chez vous ? dit-il.

Sans lui répondre, Carmelita resta les yeux posés sur lui avec une fixité si grande que malgré son assurance, il se sentit troublé.

— Quel guet-apens infâme ! dit-elle enfin en étendant son bras vers le baron par un geste tragique.

Puis, détournant la tête avec dégoût :

— Lorenzo ! dit-elle.

A cet appel, le maître de chant eut un frisson, car la façon dont elle avait prononcé ce nom lui rappelait sans doute d'heureux souvenirs.

Cette fois elle mit encore plus de douceur dans son intonation.

Il s'avança d'un pas vers elle.

— Voulez-vous me reconduire chez ma mère ? dit-elle.

Et elle passa devant le baron en détournant la tête et le corps tout entier, avec un mouvement d'épaules qui manifestait le dédain et le mépris le plus profonds.

Lorsqu'elle fut sortie de la serre, elle prit le bras de Beio, et le baron les vit s'éloigner, marchant d'un même pas.

— Eh bien ! elle n'a pas été longue à prendre son

parti, se dit-il; le prince prendra-t-il le sien aussi facilement ?

Mais cette pensée ne l'occupa pas longtemps, il avait un devoir à remplir envers sa fille et il n'oubliait jamais ses devoirs.

Ne lui avait-il pas promis de l'avertir de ce qui se serait passé dans cette entrevue ?

Il entra chez elle.

Ida se tenait, le front appuyé contre une fenêtre de son appartement qui donnait sur le jardin.

— Le colonel parti seul ! s'écria-t-elle; Carmelita partie avec M. Beio ! Qu'est-ce que cela signifie ? Le colonel a-t-il vu Carmelita ? l'a-t-il entretenue comme il le désirait ? sommes-nous arrivés trop tard !

— N'anticipons pas, dit le baron en riant, et avant tout, chère fille, parle-moi franchement ? Que penses-tu du colonel ?

— C'est la troisième fois que tu me poses cette question : la première fois, tu me l'as adressée lors de l'arrivée du colonel à Paris; la seconde, un peu avant le départ du colonel pour la Suisse; enfin voici maintenant que tu veux que je te répète ce que je t'ai déjà dit. A quo bon ?

— Dis toujours. Si le colonel me demande ta main un de ces jours, dois-je répondre oui ou non ? Il faut que je sois fixé.

— Que s'est-il donc passé ?

— Il s'est passé que le colonel vient de rompre avec mademoiselle Belmonte.

— Rompre ! en si peu de temps !

— Quelques paroles ont suffi.

— Le colonel avait donc bien peu d'affection pour Carmelita ?

— Je crois, en effet, qu'il ne l'a jamais aimée, et qu'il avait été amené malgré lui à ce mariage par les intrigues de Mazzazoli. Voilà pourquoi je désire savoir ce que je dois répondre au colonel, si un jour ou l'autre il me demande ta main; car j'ai de bonnes raisons pour croire qu'il m'adressera cette demande.

— Quelles raisons, cher papa ?

— Nous parlerons de cela plus tard, le moment n'est pas venu. Sache seulement que si le colonel n'avait pas pensé à toi, il n'aurait pas rompu avec Carmelita.

— Ah ! papa !

— J'ai vécu, en ces derniers temps, assez intimement avec le colonel pour connaître l'état de son cœur; ne doute pas de ce que je dis et réponds-moi franchement.

— La réponse d'aujourd'hui sera celle que je t'ai déjà faite deux fois ; je n'ai pas changé.

Le baron prit sa fille dans ses bras et l'embrassa tendrement.

Puis, ayant essuyé ses yeux mouillés de larmes, il la quitta; car il n'avait pas le loisir, hélas ! de se donner tout entier aux douces joies de la tendresse paternelle.

Il lui fallait voir le colonel.

A ses questions, le concierge répondit que le colonel venait de rentrer.

Alors, sans en demander davantage et sans parler à aucun domestique, le baron, en habitué, en ami de la maison, se dirigea vers l'appartement du colonel et, après avoir frappé deux petits coups, il entra dans la bibliothèque.

Le colonel était assis devant son bureau, la tête appuyée dans ses deux mains.

Ce fut seulement lorsque le baron fut à quelques pas de lui, qu'il abaissa ses mains et releva la tête.

— J'ai cru, dit le baron, que vous seriez curieux de savoir ce qui s'est passé après votre départ.

Le colonel le regarda un moment, comme s'il ne comprenait pas; puis levant la main :

— Avant tout une question, je vous prie, monsieur.

— Dites, mon ami, dites.

— Vous avez voulu me faire assister à l'entretien de mademoiselle Belmonte et de cet homme ?

— Je pourrais, dit-il d'une voix que l'émotion rendait tremblante, je pourrais vous répondre catégoriquement ; mais j'aime mieux que cette réponse vous vous la fassiez vous-même. Vous savez quelle est ma tendresse pour ma fille, n'est-ce pas ? Vous savez dans quels sentiments d'honnêteté et de pureté je l'élève ? Pensez-vous que si j'avais su que mademoiselle Belmonte était... mon Dieu ! il faut bien appeler les choses par leur nom, si vilain que soit ce nom ; pensez-vous que si j'avais su que mademoiselle Belmonte était la maîtresse de son professeur de chant, j'aurais toléré qu'elle fut la compagne, l'amie de ma fille ? Dites, le pensez-vous ? Non, n'est-ce pas ? Alors, si je ne savais pas cela, comment voulez-vous que j'aie eu l'idée de vous faire assister à l'entretien de mademoiselle Belmonte avec ce professeur de chant ? Dans quel but aurais-je agi ainsi ?

Le colonel ne répondit pas.

— Voici comment cet entretien a été amené, continua le baron, — au moins ce que je vous dis là résulte de ce que j'ai entendu après votre départ : — ce professeur de chant, nommé Lorenzo Beio, un ancien chanteur, un comédien, ce Beio était désespéré du mariage de celle qu'il avait cru épouser ; il la poursuivait partout, mais le prince faisait bonne garde et l'empêchait d'arriver jusqu'à Carmelita. Tantôt il l'a vue sortir avec Ida, et l'a suivie, et, quand Carmelita est entrée dans la serre, tandis que ma fille allait changer de toilette dans son appartement, il est entré avec elle : de là cette surprise chez Carmelita ; mais, pour être complet, je dois dire que cette surprise s'est bien vite calmée. Après votre départ, je suis allé dans la serre pour offrir à mademoiselle Belmonte de la reconduire chez elle. Elle ne m'a pas répondu ; mais détournant la tête, elle a pris le bras de ce... comédien et elle est partie avec lui : la paix était faite. Soyez donc rassuré sur celle que vous vouliez élever jusqu'à vous. Voilà ce que j'ai voulu vous apprendre, afin de n'avoir plus à revenir sur ce triste sujet. Maintenant un mot encore, un seul ; si vous avez quelque affaire à traiter avec le prince Mazzazoli, je me mets à votre disposition et vous demande d'user de moi ; c'est un droit que mon amitié réclame, et puis, pour cette pauvre fille, il vaut mieux que personne autre que moi ne sache la vérité. Pour le monde, nous verrons à arranger les choses de manière à la ménager autant que possible.

XIX

Malgré les ménagements que le baron avait promis d'apporter « dans l'arrangement des choses, » la rupture du mariage arrêté entre le colonel Chamberlain et mademoiselle Carmelita Belmonte produisit une véritable explosion dans Paris, lorsque la nouvelle s'en répandit.

Il est vrai que le premier qui la divulgua fut le baron Lazarus, et il le fit de telle façon qu'une sorte de curiosité de scandale se joignit à l'intérêt que cette nouvelle portait en elle-même.

Quand on lui demanda pourquoi cette rupture avait lieu, il refusa de répondre, et persista dans son refus avec fermeté ; mais cependant de manière à laisser entendre que, s'il ne parlait pas, ce n'était point par ignorance, mais que c'était par discrétion.

— Vous savez, moi, je n'aime pas les propos du monde, et d'ailleurs je n'admets que ce que j'ai vu. J'ai vu le colonel rompre avec mademoiselle Belmonte et j'affirme cette rupture; mais les causes de cette rupture, c'est une autre affaire.

De guerre lasse, il s'était décidé non à expliquer ces causes clairement et franchement, mais à les laisser adroitement entendre.

Le colonel avait fait d'étranges découvertes sur le compte de sa fiancée. Il y avait dans cette affaire un maître de chant, Beio, l'ancien chanteur, dont le rôle n'était pas beau; il est vrai qu'il ne fallait pas oublier que Carmelita était Italienne, ce qui diminuait le rôle joué par Beio. Enfin le colonel avait cru devoir rompre, et, pour qui le connaissait, parfait gentleman comme il était, incapable de se décider à la légère, cette rupture était grave, alors surtout qu'il s'agissait d'un mariage aussi avancé; encore quelques jours, et il était conclu.

Le baron n'avait pas pu se retenir d'aller à l'Opéra le soir même de la rupture, pour l'annoncer à madame de Lucillière qu'il espérait rencontrer.

En effet, la marquise était dans sa loge, et, en voyant le baron entrer, elle avait deviné, à son air diplomatique, qu'il avait quelque chose d'intéressant à lui apprendre; malgré la gravité de sa tenue, le triomphe éclatait dans toute sa personne.

Ce qu'il y avait de remarquable dans le pouvoir que madame de Lucillière exerçait sur ceux qui étaient de sa cour, c'est qu'elle se faisait obéir instantanément, sans la plus légère marque d'hésitation ou de révolte.

Lors de l'entrée du baron elle était en compagnie de lord Fergusson et du duc de Mestosa; elle leur fit un signe imperceptible, aussitôt ils sortirent.

— Vous avez quelque chose à m'apprendre? dit-elle vivement.

— Je viens vous dire que vos habiles combinaisons ont réussi.

— Réussi?

— C'est un devoir que j'accomplis pour la forme, car cette nouvelle est insignifiante; vous m'aviez si bien tracé mon plan, que vous deviez attendre le succès pour un jour ou l'autre, sans avoir le moindre doute à son sujet; peut-être même trouvez-vous qu'il a beaucoup tardé. Sans doute c'est ma faute, mais je suis si maladroit en ces sortes d'affaires.

— Ne soyez pas trop modeste.

— Ce n'est pas modestie, c'est simple franchise; il y aurait outrecuidance de ma part à prendre pour moi un succès qui n'appartient qu'à vous: je n'ai été qu'un instrument, vous avez été la main; encore l'instrument a-t-il été bien insuffisant.

La marquise ne pouvait pas être dupe de cette humilité dans le triomphe.

— Vous avez donc bien peur d'être responsable de ce succès devant le colonel? dit-elle en riant. Il faut vous rassurer, monsieur, et ne pas trembler ainsi; je ne trahis pas mes alliés. Vous êtes tellement troublé que vous ne pensez pas à me dire ce qui s'est passé.

— Mon Dieu! rien que de simple et de naturel: il paraît que mademoiselle Belmonte avait pris l'engagement de devenir la femme de son maître de chant.

— Ah! vraiment?

— Mon Dieu! oui.

— Et comment cela?

— C'est justement ce que je vous demande, car pour moi je ne comprends pas qu'une jeune fille dans sa position se soit laissée ainsi entraîner. Mais je connais si peu les femmes, et puis Paris est si corrupteur!

— Il me semble que mademoiselle Belmonte n'est pas Parisienne; elle est Italienne, comme mademoiselle Lazarus est Allemande.

— Enfin ce Beio, qui n'est qu'un grossier personnage,

a fait une scène violente à mademoiselle Belmonte, en lui reprochant de ne pas vouloir prendre pour mari l'homme qu'elle avait bien voulu prendre pour... amant. Il a dit le mot, et précisément, par un malheureux hasard, — en disant malheureux, je pense au prince Mazzazoli, — le colonel l'a entendu.

— Le colonel assistait à cette scène?

— C'est-à-dire qu'il n'y assistait pas; seulement ce Beio, se croyant encore au théâtre sans doute, dans une de ses scènes à effet des opéras italiens, criait de telle sorte que sa voix est arrivée jusqu'aux oreilles du colonel.

— Ces oreilles n'étaient pas bien loin, je suppose, de l'endroit où se passait cette scène.

— C'est-à-dire que le colonel était avec moi dans mon salon, et Beio, qui, depuis plusieurs jours, poursuivait mademoiselle Belmonte, avait rejoint celle-ci dans ma serre, où elle s'était réfugiée.

— Je comprends: le colonel dans le salon, Carmelita dans la serre, et les stores baissés sans que les fenêtres fussent fermées, n'est-ce pas? Mais cela était adroitement combiné.

— Le hasard seul a ces adresses, et c'est à lui qu'il faut faire nos compliments. Quoi qu'il en soit, le colonel a entendu les paroles de Beio; je crois même qu'il en aurait entendu bien d'autres, et de très instructives, s'il avait écouté quelques minutes encore; car ce comédien était lancé. Mais vous connaissez le colonel mieux que moi; vous savez comme il est délicat, chevaleresque même. Il n'a pas voulu surprendre les secrets de M. Beio et de mademoiselle Belmonte, alors même que ces secrets le touchaient si profondément; il a brusquement remonté le store...

— Et qu'a dit mademoiselle Belmonte?

— Ce n'est point elle qui a parlé, c'est le colonel; il n'a dit que ces simples mots, les adressant à mademoiselle

Belmonte : « Vous donnerez à votre oncle les raisons que vous voudrez pour expliquer que vous refusez d'être ma femme. »

— Et?...

— Et il est sorti simplement, dignement.

— Et qu'a dit mademoiselle Belmonte?

— Mon Dieu! vous savez que mademoiselle Belmonte parle peu, elle agit. Comme je lui proposais de la reconduire chez elle, elle ne m'a pas répondu; mais, prenant le bras de son... Beio, elle est sortie avec lui.

— Voilà qui est assez crâne.

— Crâne! je ne comprends pas bien; vous voulez dire, n'est-ce pas, que cela est scandaleux? C'est aussi mon sentiment.

— Si mademoiselle Belmonte parle peu, son oncle parle, lui, et il agit. Qu'a-t-il fait? qu'a-t-il dit?

— Ce qu'il a dit lorsque sa nièce est rentrée, je n'en sais rien, et j'avoue même que je le regrette, car cela a dû être original; mais ce qu'il a fait est beaucoup plus original encore.

— Voyons.

— C'est à trois heures aujourd'hui que cette scène s'est passée entre le colonel, Beio et mademoiselle Belmonte. Vers six heures, le hasard m'a conduit aux Champs-Élysées, et qu'est-ce que j'ai vu? Le prince Mazzazoli, la comtesse Belmonte, Carmelita et leur vieille servante, montant dans un omnibus du chemin de fer de Lyon, chargé de bagages.

— Ils partent?

— Leur position eût été assez embarrassante à Paris; il eût fallu répondre à bien des questions; et puis d'un autre côté, le prince eût été obligé à régler des affaires pénibles avec le colonel, car vous savez que celui-ci avait envoyé la corbeille à sa fiancée : diamants, bijoux, cadeaux de toutes sortes. Alors le prince a préféré ne pas restituer lui-même ces cadeaux; il les renverra d'Italie; c'est plus simple.

La marquise voulut réitérer ses compliments au baron, mais celui-ci les refusa obstinément; il n'avait rien fait, à elle toute la gloire du succès; et il la quitta avec la même physionomie discrète.

Insinuée par le baron dans l'oreille de quelques intimes, répétée franchement par la marquise, la nouvelle de la rupture du mariage du colonel eut bientôt fait le tour de la salle.

— Était-ce possible?

— Surtout était-il possible que le prince eût ainsi quitté Paris ?

— Parbleu! avec les diamants du colonel.

— Et en laissant ses créanciers derrière lui.

Sans doute, cette rupture causait une grande joie à la marquise; mais tout n'était pas dit pour elle.

Pendant que le baron travaillait à cette rupture, la marquise avait eu la pensée d'aller voir Thérèse; mais, emportée dans son tourbillon, elle avait toujours retardé l'exécution de ce projet, qui d'ailleurs était assez aventureux. Elle avait attendu aussi en espérant qu'une bonne idée lui viendrait. Mais, la rupture accomplie, il n'y avait plus à attendre.

Le lendemain de la communication du baron, elle se rendit rue de Charonne, bien qu'elle ne sut pas l'adresse précise d'Antoine Chamberlain.

En passant sur le boulevard Beaumarchais, elle fit demander cette adresse par son valet de pied chez un fabricant de meubles, et bientôt elle arriva devant la porte sur laquelle était écrit le nom de Chamberlain.

Ce fut Denizot qui la reçut dans l'atelier désert, et il est vrai de dire que tout d'abord il la reçut assez mal; mais quand elle se fut nommée, il lui donna toutes les explications qu'elle pouvait désirer.

Malheureusement ces explications venaient ruiner tout son plan : Thérèse était en Allemagne avec son père, et depuis son départ elle n'avait pas écrit.

La marquise se retira déconcertée.

N'avait-elle aidé à détruire Carmelita que pour assurer le triomphe d'Ida?

XX

Le colonel, qui avait longtemps hésité avant d'aller annoncer son mariage à Thérèse, se décida tout de suite à lui apprendre que ce mariage était rompu.

Et, comme Antoine ne lui avait point écrit depuis le retour de Sorieul, et que par conséquent il ignorait où Thérèse pouvait se trouver en ce moment, il se rendit rue de Charonne pour avoir l'adresse de son oncle.

Pendant deux jours, à la suite de la scène de la rue du Colisée, il était resté enfermé chez lui, ayant donné l'ordre de ne recevoir personne, à l'exception du prince Mazzazoli, qu'il attendait, mais qui n'était pas venu.

Il avait besoin de sortir, de marcher, de se secouer, pour échapper aux pensées qui, plus noires les unes que les autres, troublaient son esprit et son cœur.

Cette maison, où les ouvriers travaillaient à tout préparer pour ce mariage qui ne se ferait pas, lui pesait sur la poitrine, leurs coups de marteau l'exaspéraient.

Quand parfois il traversait les pièces où ils achevaient leur besogne, il lui semblait qu'ils cessaient de chanter pour le regarder d'une façon étrange : les uns comme s'ils le plaignaient, les autres comme s'ils se moquaient de lui.

Il était parti de chez lui à pied, et, par le boulevard

Haussmann et les boulevards, il s'était mis en route pour le faubourg Saint-Antoine.

C'était l'heure où le *tout Paris* qui respecte les exigences de la tradition et les observe religieusement comme article de foi, se dirige vers le bois de Boulogne. Le colonel n'avait pas fait cinq cents pas, qu'il avait croisé vingt voitures dans lesquelles se trouvaient des personnes qui l'avaient salué; car il faisait lui-même partie de ce *tout Paris*, dont il était une des individualités les plus connues, et les gens du monde qui n'avaient pas ou de relations intimes avec lui, savaient au moins qui il était.

Tout d'abord il avait rendu ces saluts, sans y apporter grande attention; mais bien vite il avait remarqué qu'on le regardait avec une curiosité peu ordinaire; les yeux s'attachaient sur lui avec fixité; on se penchait vers son voisin pour l'entretenir à l'oreille, les femmes souriaient.

En arrivant à la place de la Madeleine, un personnage pour lequel il avait fort peu de sympathie, malgré les protestations d'amitié dont celui-ci l'accablait en toute circonstances, le vicomte de Sainte-Austreberthe, lui barra le passage et l'aborda presque de force.

— Eh bien! mon cher colonel?

— Eh bien! monsieur le vicomte? répondit froidement le colonel.

— Voyons ce n'est pas indiscret, n'est-ce pas?

— Qui est indiscret?

— De vous adresser une félicitation?

— Et à propos de quoi, je vous prie?

— A propos de votre mariage... qui ne se fait pas.

Le colonel se redressa et regarda Sainte-Austreberthe de telle sorte que tout autre, à la place de celui-ci, eût été déconcerté et peut-être même jusqu'à un certain point inquiété.

Mais le vicomte ne s'était jamais laissé déconcerter

par rien ni par personne, et de plus il n'avait jamais pensé qu'on pouvait avoir l'idée de l'intimider : l'herbe n'avait pas encore poussé sur la tombe du dernier adversaire, M. de Mériolle qu'il avait tué dans un duel célèbre, et le moment eût été mal choisi pour le faire reculer.

Il se mit à rire, et prenant les deux mains du colonel en lui faisant presque violence :

— Soyez convaincu, dit-il, que je ne parle pas à l'étourdie, pour le plaisir de bavarder. C'est sincèrement que je vous félicite, sinon en me plaçant à votre point de vue, au moins en restant au mien. Faut-il vous dire que votre mariage avec mademoiselle Belmonte me désolait.

— Et pourquoi cela, monsieur?

— Parce que vous ne devez épouser qu'une Française.

— Mais qui a dit que je voulais me marier, je vous prie.

— Personne; seulement on a dit que si vous vous décidez maintenant, vous deviez prendre une Française; voilà tout. Vous êtes une puissance en ce monde, mon cher colonel; on doit compter avec vous. Eh bien! il est d'une bonne politique de vous attirer et de vous gagner; je vous assure qu'on est disposé à faire beaucoup pour cela. Ne résistez pas. Ce n'est pas officiellement que je parle c'est officieusement; mais cependant soyez assuré que mes paroles sont sérieuses on a pour vous de hautes visées. Puis-je dire que je vous ai sondé à ce sujet et que je n'ai pas trouvé vos oreilles fermées? Je sais de source certaine qu'on désire vous adresser une invitation. Êtes-vous présentement en disposition de l'accepter? Vous voyez que je parle net et sans détour. Que dois-je répondre?

— Que vous avez trouvé un homme très touché de la sollicitude qu'on lui témoigne et très reconnaissant qu'on pense à lui, mais en même temps vous avez trouvé aussi un homme incertain sur ce qu'il va faire, et qui ne sait pas en ce moment si demain il ne sera pas en Allemagne, où une affaire importante l'appelle; dans ces conditions la réponse que vous demandez est impossible à formuler, aussi vous a-t-il prié d'attendre son retour.

Et sur ce mot le colonel, ayant vivement dégagé son bras, salua Sainte-Austreberthe et le quitta.

Quelle jeune fille plus ou moins compromise voulait-on lui faire prendre pour femme? Quelles influences voulait-on servir avec sa fortune?

A cette pensée, il voulut retourner sur ses pas pour retrouver Sainte-Austreberthe et à son tour l'interroger. Le marché devait être curieux à connaître. Il apportait sa fortune; que lui apportait-on en échange?

Ah! chère petite Thérèse, quelle différence entre toi et tous ces gens!

Depuis trois ans qu'il était en France, elle était vraiment la seule qui n'eût point visé cette fortune que tant d'autres avaient poursuivie ou qu'ils poursuivaient encore par de honteux moyens.

Et précisément parce qu'il avait bien conscience que maintenant elle était à jamais perdue pour lui, il osa pour a première fois s'avouer en toute franchise le sentiment qu'elle lui avait inspiré, et le reconnaître pour ce qu'il était.

Réfléchissant ainsi, et passant d'autant plus rapidement d'une idée à une autre, que celle qu'il abordait ne lui était pas moins pénible que celle qu'il venait de rejeter, il arriva rue de Charonne.

En traversant la cour, il revit Thérèse marchant légèrement, joyeusement, près de lui, le jour où il était venu la prendre en voiture pour la conduire aux courses. Comme elle était charmante alors!

En arrivant devant la porte de son oncle, il entendit le bruit d'une voix qui paraissait lire dans l'atelier.

Il poussa la porte.

Denizot, perché sur l'établi d'Antoine et portant son pierrot sur sa tête, faisait à haute voix la lecture d'un livre à Michel qui travaillait.

— Ah! monsieur Édouard, s'écria Denizot en dégringolant si vivement de son établi, que l'oiseau, effrayé, s'envola; en voilà une surprise, et une bonne!

Michel, non moins vivement, quitta son travail pour venir tendre la main au colonel; la surprise paraissait être tout aussi heureuse pour lui que pour Denizot.

— Ma foi! dit Denizot, il était écrit que nous devions nous voir aujourd'hui, car je devais aller chez vous ce soir; j'y serais même allé dans la journée, si je n'étais pas resté pour faire la lecture à Michel pendant qu'il travaille. Voyez-vous, le temps nous est long maintenant, et les livres nous aident à le passer moins tristement. Nous avons des nouvelles d'Antoine.

— C'était précisément pour vous demander des nouvelles de mon oncle et... (il s'arrêta) que je venais vous voir.

— Voici la lettre, dit Michel.

« Mon cher Michel,

« Je voulais t'écrire par une occasion sûre, ce qui m'au-
» rait permis de causer avec vous en toute liberté; mais,
» cette occasion tardant à partir, je ne veux pas te laisser
» plus longtemps sans nouvelles; car, depuis que tu sais
» que nous avons quitté Bâle, sans savoir aussi ce que
» nous sommes devenus, tu dois te tourmenter d'autant
» plus que la patience n'a jamais été ta première vertu.

» J'use donc tout simplement de la poste, comme tout
» le monde; seulement, n'ayant en elle qu'une faible
» confiance et croyant qu'il est très possible, très pro-
» bable même que les lettres qui arrivent rue de Cha-
» ronne, adressées à ton nom, sont soumises à une sur-
» veillance destinée à fournir à la police des renseigne-

» ments, qui heureusement lui manquent, je suis obligé
» de garder certaines précautions assez gênantes, mais
» que je crois nécessaires présentement. Au reste, je
» pourrai, je l'espère, t'écrire bientôt sans crainte que ma
» lettre passe sous des yeux indiscrets, et je te donnerai
» alors tous les détails que je suis obligé de taire aujour-
» d'hui.

» Nous sommes restés à Bâle le temps nécessaire pour
» recevoir les réponses aux lettres que j'avais écrites ; ces
» réponses ont été telles qu'on devait les attendre des
» braves cœurs auxquels je m'étais adressé. Alors nous
» sommes partis pour notre voyage, pour notre exil en
» Allemagne.

» Maintenant, nous voilà installés aussi bien que nous
» pouvons l'être, et nous avons trouvé ici un accueil qui
» t'aurait fait revenir des préventions que tu nourris
» contre les Allemands, si tu avais pu en être témoin.

» Il ne faut pas juger les Allemands à Paris, vois-tu,
» par ce qu'on dit d'eux, ou par ce qu'on peut remarquer
» en étudiant ceux qu'on rencontre : c'est en Allemagne,
» c'est chez eux qu'il faut les connaître.

» Par nos rencontres dans nos congrès avec nos frères
» allemands, j'étais arrivé à me débarrasser de certains
» préjugés français, mais j'étais loin de soupçonner la vé-
» rité.

» Particulièrement en ce qui nous touche le plus vive-
» ment, les Allemands sont plus avancés dans nos idées
» que nous ne le sommes en France ; ici, ce ne sont pas
» seulement les ouvriers des villes qui pensent à une
» réorganisation sociale, les paysans (au moins dans le
» pays où je suis) sont leurs alliés, au lieu d'être leurs
» ennemis.

» De cette communauté de croyance, il est certain
» qu'il naîtra un jour un grand mouvement, qui sera
» irrésistible et qui provoquera en Allemagne une révo-

» lution plus terrible et plus complète que ne l'a été la
» révolution française.

» Quand éclatera ce mouvement? Bien entendu, je n'ai
» pas la sotte prétention de vouloir le prédire; je ne con-
» nais pas assez le pays pour cela, et d'ailleurs il faudrait
» entrer dans des considérations trop longues pour cette
» lettre écrite à la hâte, car il est bien entendu que les
» choses n'iront pas toutes seules; il y aura des résis-
» tances. Déjà elles s'affirment, et il est à craindre que
» ceux qui dirigent ne jettent leur pays dans des aven-
» tures et dans des guerres, pour tâcher d'enrayer ou de
» détourner ce mouvement; mais, quoi qu'on fasse, il re-
» prendra son cours et sa marche, car l'avenir lui appar-
» tient.

» Pour ma part, je vais employer le temps de mon exil
» à pousser à la roue dans la mesure de mes moyens,
» car notre cause est au-dessus des nationalités, et nous
» devons travailler à son succès aussi bien en France
» qu'en Allemagne, aussi bien en Allemagne qu'en An-
» gleterre.

» Nous avons ici un journal, *le Volkstaat*, ce qui veut
» dire *le gouvernement du peuple*, dans lequel on me de-
» mande des articles qu'on traduira; je vais les écrire.
» En même temps je fournirai des notes à son rédacteur
» en chef, un de nos frères, qui écrit une *Histoire de la*
» *Révolution Française*, car partout notre *Révolution* doit
» être un enseignement pour les peuples qui veulent s'af-
» franchir.

» Voilà pour un côté de notre vie. Quant à l'existence
» matérielle, n'en sois pas inquiet : je travaille ici dans
» l'atelier d'un tourneur qui est un des chefs du mouve-
» ment social en Allemagne.

» Je voudrais que tu le connusses : c'est le meilleur
» homme du monde, le plus doux et le plus ferme. Nous
» demeurons porte à porte, et Thérèse passe une partie

» de la journée à apprendre le français à ses deux petites » filles.

» Si nous étions en France et réunis, nous pourrions » dire que nous sommes pleinement heureux.

» En attendant une plus longue lettre, sois donc ras- » suré sur nous. Cette lettre te dira comment m'écrire » et sous quel nom. Ne sois pas inquiet pour me tenir au » courant de mon procès, je lis les journaux français.

» Je te serre les mains, ainsi que celles de Sorieul et » de Denizot. Thérèse embrasse son oncle et vous envoie » ses amitiés.

« ANTOINE. »

Antoine était tout entier dans cette lettre, avec ses aspirations et son enthousiasme, mais aussi avec sa négligence des choses pratiques.

— Mais cela ne m'apprend pas où se trouve mon oncle, dit le colonel en rendant cette lettre à Michel, et c'était là justement ce que je voulais savoir.

— Vous voyez, il m'annonce une nouvelle lettre ; aussitôt que je l'aurai reçue, je vous la communiquerai.

— Quand vous l'aurez, dit Denizot, voudrez-vous la communiquer aussi à une dame de vos amies qui est venue pour voir Thérèse?

— Une dame de mes amies? Et qui donc!

— Madame la marquise de Lucillière, qui est venue ici hier pour voir Thérèse, m'a-t-elle dit. Que lui voulait-elle? Naturellement je ne le lui ai pas demandé. Je lui ai dit ce que nous savions, que Thérèse était en Allemagne, voilà tout.

Le colonel quitta la rue de Charonne, intrigué par cette nouvelle.

XXI

Parmi les questions qu'on se pose dans un examen de conscience, il n'en est pas de plus grave, que celle qui tient dans ces trois mots :

— Que faire maintenant ?

Ce fut cette question que le colonel se posa en revenant chez lui, mais sans trouver une réponse, c'est-à-dire un but.

Comment prendre la vie ?

Par le côté sérieux ou par le côté plaisant ?

Sans doute il aurait pu voyager, mais où aller, puisque précisément l'Allemagne lui était interdite et que c'était en Allemagne seulement qu'il désirait aller ?

Voyager pour changer de place et dévorer l'espace ne lui disait absolument rien ; par là il n'était pas Américain et il ne ressentait pas cette fièvre de locomotion qui pousse tant de ses compatriotes en avant, sans leur donner le t emps de rien voir ; il ne comprenait le voyage qu'avec l'étude des pays qu'on visite, avec l'histoire, les monuments, les tableaux, les objets d'art, et il se trouvait dans des dispositions où il lui était impossible d'ouvrir un livre. Alors que ferait-il en voyage ? La mélancolie des soirées dans les pays inconnus l'effrayait.

Autant rester à Paris.

La plupart de ceux avec qui il était en relations se trouvaient dans des conditions qui, jusqu'à un certain point, ressemblaient aux siennes : combien n'avaient pas plus de volonté, plus d'initiative que lui, et cependant ils acceptaient la vie, se laissant porter par elle.

Il ferait comme eux : à côté de ceux qui jouent un rôle actif dans la comédie humaine, il y a les simples spectateurs; il serait de ceux-là.

Et justement les pièces qu'on jouait en ce moment sur le théâtre du monde ne manquaient pas d'un certain intérêt; peut-être n'étaient-elles pas d'un genre très élevé et se rapprochaient-elles trop de la féerie et de l'opérette; mais, telles quelles étaient, elles pouvaient amuser les yeux.

Jamais Paris n'avait été plus brillant, plus bruyant; il ressemblait à ces apothéoses qui terminent les pièces à spectacle, avec flammes de Bengale, lumière électrique et galop final. Qui pensait au lendemain? On se ruait au plaisir, on jouissait de l'heure présente comme si l'on avait le pressentiment que demain n'existerait pas.

Il est vrai que, de temps en temps, éclatait dans cette musique dansante une note triste : on entendait un roulement sur des tambours drapés de noir.

On parlait de grèves d'ouvriers qui s'étaient terminées par des coups de fusil; il y avait de nombreuses arrestations politiques, des procès, des condamnations; on rapportait des paroles révolutionnaires prononcées dans des réunions publiques. Après dix-neuf années de sommeil, il y avait des gens qui se réveillaient et qui essayaient de construire des barricades; on prononçait de nouveau avec un certain effarement les noms des faubourgs du Temple et de Belleville. En s'entretenant avec leurs riches clients, les armuriers disaient qu'ils n'osaient pas avoir de grandes provisions d'armes chez eux, de peur d'être pillés.

Mais il n'y avait pas là de quoi s'inquiéter sérieusement : la France était tranquille, le gouvernement était fort.

Au contraire, la note grave se mêlant quelquefois à la note joyeuse, mais sans étouffer celle-ci, cela avait du piquant.

Quoi de plus curieux que d'assister, pendant la journée, à l'enterrement de Victor Noir, la plus grande manifestation populaire des vingt dernières années, et le soir à la représentation du *Plus heureux des trois*, la comédie la plus gaie du répétoire du Palais-Royal ? Profondément saisissante, la face pâle et convulsée de Rochefort; mais, d'un autre côté, bien drôle, la physionomie de Geoffroy, le mari trompé, caressé et content.

On se plaisait aux contrastes, et les fêtes dans lesquelles les femmes du plus grand monde n'étaient reçues que déguisées en grisettes obtenaient le plus vif succès. C'était admirable ! On s'extasiait, sans se demander si les fêtes dans lesquelles les grisettes n'auraient été reçues que déguisées en femmes du monde n'auraient pas été presque aussi réussies.

Le colonel accepta cette vie et se laissa engourdir dans sa monotonie, prenant les jours comme ils venaient et s'en remettant au hasard pour le distraire ou l'ennuyer.

Il prit la tête du *tout Paris*, fut de toutes les fêtes, de toutes les réunions ; on le vit partout, et les journaux à informations parlèrent de lui si souvent qu'on aurait pu, dans leurs imprimeries, garder son nom tout composé ; on citait ses mots, et, lorsqu'on avait besoin d'un nom retentissant pour lui faire endosser une histoire, on prenait le sien, comme trente ans plus tôt on avait pris celui de lord Seymour.

Cependant, si cette vie usait son temps, elle n'occupait ni son cœur ni son esprit. Il en était de lui comme de ces rois de féerie qui, après la phrase traditionnelle : « Et maintenant que la fête commence ! » assistent à cette fête avec un visage d'enterrement. Partout il portait une indifférence que le jeu lui-même, avec ses alternatives de perte et de gain, ne parvenait pas à secouer, et c'était avec le même calme qu'il gagnait ou qu'il perdait des sommes considérables.

— Quel estomac ! disait-on.

On se pressait autour de lui pour le voir jouer; mais

ce qui faisait l'admiration de la galerie faisait son désespoir.

Ne prendrait-il donc plus jamais intérêt à rien?

Un seul mot, un seul nom plutôt avait le pouvoir d'accélérer les battements de son cœur : celui de Thérèse.

Après sa première visite à Michel, ne recevant de nouvelles ni d'Antoine, ni de Sorieul, ni de Michel, ni de Denizot, il était retourné rue de Charonne.

Mais il avait trouvé la porte close, et, en mettant son oreille à la serrure, il n'avait entendu aucun bruit dans cet atelier où autrefois les chants se mêlaient aux coups de marteau.

Le concierge qu'il avait interrogé en redescendant, lui avait donné les raisons de ce silence. Denizot s'était fait prendre derrière la barricade du faubourg du Temple, et Michel avait été arrêté le lendemain à l'atelier; quant à Sorieul, il n'avait plus reparu et l'on ignorait ce qu'il était devenu. Il n'était point arrivé de lettres, portant le timbre d'un pays étranger, à l'adresse de Michel ou de Sorieul, et le concierge commençait à être inquiet pour le payement de son terme.

En apprenant cette double arrestation, le colonel avait voulu savoir s'il ne pouvait pas être utile à Denizot et à Michel, mais on lui avait répondu qu'ils étaient au secret à Mazas, et que, pour communiquer avec eux, il fallait attendre que l'instruction fût terminée.

A qui s'adresser pour avoir des nouvelles de Thérèse? Comment Antoine ne lui écrivait-il point? Que se passait-il donc de mystérieux?

Il pensa à interroger le baron Lazarus; car, dans la lettre qu'il avait lue, il y avait un nom qui pouvait servir d'indice pour découvrir la ville où Antoine s'était réfugié c'était le titre du journal dans lequel Antoine écrivait.

Il alla trouver le baron, rue du Colisée, — ce qu'il n'avait pas voulu faire depuis la scène dont il avait été témoin, résistant quand même à toutes les instances dont l avait été accablé : invitations à dîner, demandes de services, et autres prétextes plus ou moins habilement mis en avant.

Lorsqu'on l'annonça au baron, celui-ci ne put retenir un soupir de soulagement :

— Enfin, tout n'est pas perdu !

Vivement il se leva de sa chaise pour courir au devant de lui, les deux mains ouvertes.

— Ce cher ami ! Savez-vous que je désespérais presque de vous revoir ici ? Vous aviez refusé mes invitations avec une telle persévérance, que je vous croyais fâché; mais vous venez; soyez le bienvenu, soyez le bienvenu.

Devant un pareil accueil, le colonel n'osa pas avouer tout de suite la raison vraie qui l'amenait rue du Colisée.

Il causa de choses insignifiantes, et, quand le baron lui demanda s'il ne voulait pas, avant de se retirer, faire une visite de quelques minutes à sa chère Ida, il ne put pas refuser.

Il fit donc cette visite, qui ne fut pas de quelques minutes, comme l'avait proposé le baron, mais de près d'une heure; car, chaque fois qu'il voulut se lever, le baron ou Ida abordèrent un nouveau sujet qui l'obligeait à rester.

Ce fut seulement quand le baron le reconduisit à la porte de sortie, qu'il put aborder le sujet qu'il l'avait amené.

— A propos, connaissez-vous un journal allemand portant pour titre le *Volkstaat* ?

Le baron ouvrit la bouche pour répondre; mais, se ravisant, il la referma aussitôt et parut chercher.

— Le *Volkstaat*, le *Volkstaat*, dit-il.

— C'est, je crois, un journal ouvrier, fait par les ouvriers pour les ouvriers.

— Eh bien ! il y a un moyen très simple pour que vous

avez votre renseignement, c'est que j'écrive à mes correspondants de Dresde et de Leipzig. C'est aujourd'hui lundi : j'écris ce soir, je reçois les réponses vendredi, et vous venez dîner avec nous samedi.

Comme le colonel répondait par un refus aussi poli que possible :

— Me suis-je trompé? dit le baron, êtes-vous réellement fâché contre moi?

— Mais, comment pouvez-vous penser?...

— Non, vous n'êtes pas fâché. Alors, vous venez dîner, c'est chose convenue, ou bien, si vous refusez, je n'écris pas. Faut-il écrire?

— Écrivez, je vous prie.

— Alors, à samedi, en tout petit comité, deux amis seulement et nous.

Ceux que le baron appelait ses amis, étaient à proprement parler des compères dont le rôle consistait à rendre le dîner attrayant : l'un, homme d'esprit et du meilleur; l'autre, gourmet célèbre. Tous deux allant en ville et jouant chaque soir leur rôle, sans jamais un moment de lassitude : celui-ci mettant les convives en belle humeur, et celui-là les mettant en appétit; avec cela, depuis longtemps insensibles aux séductions féminines, et par là incapables de provoquer la jalousie.

Dès que le colonel arriva, le baron le prit dans un coin pour lui communiquer les renseignements qu'il venait de recevoir.

Le *Volkstaat* paraissait à Leipzig. C'était un journal socialiste, qui, fondé depuis peu de temps, exerçait une grande influence dans les classes laborieuses, sur les ouvriers des villes aussi bien que sur ceux des campagnes. En quelques mois, il avait fait le plus grand mal; mais le gouvernement avertit s'était décidé à le poursuivre à outrance; son rédacteur en chef venait d'être emprisonné, et des étrangers qui collaboraient à sa rédaction étaient en fuite : on les recherchait pour les arrêter. On était décidé à en finir avec ces misérables socialistes, qui menaçaient de corrompre tout le pays.

Le colonel se déclara satisfait par ces renseignements, mais, en réalité, il l'était aussi peu que possible, désolé au contraire et tourmenté.

Condamné en France, par défaut, à cinq années d'emprisonnement, poursuivi en Allemagne, dans quel pays Antoine allait-il se retirer? comment trouverait-il à travailler? N'était-ce pas une vie de misère qui commençait pour lui et pour Thérèse? Pas d'asile, pas de pain peut-être, et avec cela impossibilité de les chercher, sous peine d'aider la police à les trouver.

Ces préoccupations nuisirent au dîner du baron.

Et le colonel ne fut pas aussi sensible qu'il l'aurait été dans d'autres circonstances à l'esprit de l'homme d'esprit et la gourmandise du gourmet.

Cependant, le baron l'ayant interrogé plusieurs fois sur sa santé et Ida lui ayant demandé en souriant dans quel pays il voyageait présentement, il voulut réagir contre sa maussaderie; puisqu'il avait accepté ce dîner, il devait y apporter une figure et des manières convenables. Évidemment sa tenue était grossière et ridicule, il réfléchirait plus tard.

Placé près d'Ida, il se tourna vers elle et tâcha de la convaincre qu'il ne voyageait pas pour le moment dans des pays chimériques, mais qu'il savait où et près de qui il était,

De là s'ensuivit une conversation animée, qui chassa les préoccupations sérieuses et tristes que le baron avait fait naître.

XXII

Ces dîners « de toute intimité « comme les qualifiait et baron Lazarus, se renouvelèrent souvent, et insensiblement ils devinrent de plus en plus fréquents.

Chaque fois, le baron avait d'excellentes raisons pour appuyer son invitation, et chaque fois le colonel, de son côté, n'en avait que de mauvaises pour la refuser.

D'ailleurs dans le vide qui remplissait son existence, ces dîners n'avaient rien pour lui déplaire, bien loin de là.

En effet, quand il ne prenait point part à un dîner de gala ou quand il n'en donnait point un lui-même, il mangeait le plus souvent à son restaurant ou à son cercle, et le brouhaha des grandes réunions lui était tout aussi désagréable que le silence et la solitude.

Chez le baron, il trouvait ce qu'il ne rencontrait pas ailleurs.

Il y a longtemps qu'on a dit que le plaisir de la table est une sensation qui naît de l'heureuse réunion de diverses circonstances, de choses et de personnes.

Cette réunion de choses et de personnes se rencontrait à la table du baron, où la chère, préparée par un cuisinier parisien et non allemand, était exquise, et où les convives étaient habilement choisis pour se faire valoir les uns les autres.

Il a été un temps où les dîners de ce genre ont été en honneur à Paris; malheureusement ils ont peu à peu disparu, à mesure que tout le monde a voulu faire grand, et ils ne se sont conservés que dans de trop rares maisons.

Celle du baron était de ce nombre, et pour le colonel c'était une détente, un repos et un charme, que ces dîners intimes. On y causait librement, spirituellement, on y mangeait délicatement, et, en même temps que le cerveau s'y rafraîchissait, l'esprit s'y allumait : on en sortait dans un état de bien être général tout à fait agréable.

Il semblait que le baron eût apporté dans le monde les qualités innées qu'ont ses compatriotes pour la profession d'hôte, ou plus justement de maître d'hôtel, profession pour laquelle les Allemands ont incontestablement, comme le savent tous ceux qui ont voyagé, des aptitudes remarquables.

A côté des dîners vinrent les soirées, car le colonel ne pouvait dîner chaque semaine, rue du Colisée, sans faire une visite au baron et à Ida.

Bien entendu, pour ces visites, il avait choisi le jour de réception du baron ; mais il n'en était pas de ces réceptions comme des dîners, elles n'avaient aucun caractère d'intimité. S'y montraient tous ceux qui étaient en relations d'amitié ou d'affaires avec le baron Lazarus, des Allemands, beaucoup d'Allemands, presque exclusivement des Allemands.

Alors bien souvent la conversation prenait une tournure qui gênait le colonel, tant on disait du mal de la France. C'était à croire que tous ces gens, qui pour la plupart habitaient Paris, étaient des ennemis implacables du pays auquel ils avaient demandé l'hospitalité, le travail ou la fortune : on ne parlait que de la corruption de « la grande Babylone », de ses ridicules, de son immoralité, de ses vices, de sa pourriture. Pourquoi se serait-on gêné devant le colonel Chamberlain ? N'était-il pas citoyen des États-Unis ?

Mais ce citoyen des États-Unis se laissa aller un jour à répliquer à ces litanies :

— Si la France est le pays d'abomination que vous prétendez, dit-il, pourquoi y venez-vous ou plutôt pourquoi y restez-vous ?

On se mit à rire de ce rire bruyant et formidable qui n'appartient qu'à la race germanique.

Alors le correspondant d'un journal de Berlin, qui ne manquait jamais d'annoncer, dans ses revues du monde parisien, que mademoiselle Ida Lazarus « avait été la reine de la soirée », prit la parole :

— Personne ne conteste les qualités de la France, dit-il avec un flegme imperturbable, et tous nous reconnaissons qu'elle est le premier pays du monde pour les couturières, pour les coiffeurs, pour les cuisiniers, pour les modistes, pour les jolies petites dames, pas bégueules du tout.

Les rires recommencèrent de plus belle.

— Et les soldats ? dit le colonel agacé.

Les rires s'arrêtèrent, mais on se regarda avec des sourires discrets.

Le baron, qui n'avait rien dit, voyant le colonel piqué, leva la main, et tout le monde garda le silence.

— Cela, dit-il, c'est une plaisanterie, soyez sûr que nous rendons justice aux Français, et il serait à souhaiter que les Français fussent aussi équitables pour nous que nous le sommes pour eux. Nous les traitons en frères et eux nous regardent comme des ennemis qu'ils dévoreront un jour ou l'autre; quand nous nous plaignons de la France, c'est que nous avons peur d'elle.

Mais, ne s'en tenant pas à ces paroles d'apaisement, il voulut prendre ses précautions pour l'avenir et ne pas exposer le colonel à entendre des propos qui pouvaient le fâcher. Quand celui-ci se leva pour se retirer, il l'accompagna.

— Pourquoi donc venez-vous nous voir le mardi ? dit-il; c'est mon jour de réception, et vous vous rencontrez avec une société mélangée, que mes affaires m'obligent à recevoir, Le jeudi et le samedi, au contraire, je reste en tête-à-tête avec ma fille; c'est la soirée de la famille

Quand vous serez libre et que vous voudrez bien nous faire l'amitié d'une visite, venez un de ces jours-là, nous serons tout à fait entre nous. Il y a des heures où il me semble qu'on doit avoir besoin de calme sans solitude.

Abandonnant le mardi, il vint donc rue du Colisée le jeudi ou le samedi quelquefois même le jeudi et le samedi.

Peu à peu, il s'était pris d'amitié pour Ida, et il avait pour elle les attentions et les prévenances qu'un grand frère a pour une sœur plus jeune.

Il se livrait d'autant plus librement à ce sentiment, qu'il était bien certain que ce n'était et que ce ne pouvait être qu'une amitié fraternelle.

Mort pour le présent et l'avenir, aussi bien que pour le passé.

Plusieurs fois, la femme qu'il avait passionnément aimée, madame de Lucillière, sa chère marquise, sa chère Henriette, avait paru vouloir rappeler ce passé à la vie ; mais il avait fermé les yeux et les oreilles aux avances franches et précises qu'elle lui avait faites. Elle avait insisté. Dans une maison où ils se rencontraient, elle était venue à lui, la main tendue ; il s'était incliné, et, sans prendre cette main, il avait reculé. Un autre soir, elle avait manœuvré de manière à le trouver seul dans un boudoir, et vivement, en quelques mots, elle lui avait dit qu'elle avait à lui parler. Aussi poliment que possible, mais avec une froideur glaciale, sans émotion et sans trouble, il avait répondu qu'il n'avait rien à entendre d'elle, et il s'était retiré, dégageant avec fermeté son bras, qu'elle avait pris.

Non, il n'aimerait plus, et il n'y avait pas à craindre que le sentiment amical qu'il éprouvait pour Ida, se changeât jamais en une tendresse passionnée.

Les semaines, les mois s'écoulèrent, et l'on gagna l'été sans que les dîners ni les soirées s'interrompissent.

Un soir de juillet, qu'il se rendait à pied rue du Colisée

pour faire sa visite du samedi, marchant doucement, il croisa, en arrivant devant la porte du baron Lazarus, son ami Gaston de Pompéran, et naturellement tous deux s'arrêtèrent en même temps pour se serrer la main.

Après quelques mots insignifiants, Gaston se mit à sourire en montrant du doigt les arbres du jardin du baron.

— Vous allez là ? dit-il.

— Oui, je vais faire une visite au baron.

— Et à sa fille ?

— Et à sa fille.

— Alors c'est vrai ?

— Qui est vrai ?

— Est-il vrai que vous épousez mademoiselle Lazarus ?

A ce nom, le colonel fit deux pas en arrière et frappa le pavé du pied.

— Vous voyez bien, mon cher Édouard, que ma question était indiscrète et que j'avais raison d'hésiter à vous l'adresser.

— C'est qu'aussi ces questions à propos de mariage sont vraiment irritantes. Certes, je ne dis pas cela pour vous, mon cher Gaston, et, si quelqu'un a le droit de m'interroger à ce sujet, c'est vous, vous seul. Que cela soit bien entendu, et ne concluez pas de mon mouvement d'impatience que je suis fâché contre vous.

Disant cela, le colonel tendit la main à Gaston.

— On a remarqué que vous dîniez chaque semaine chez le baron, et que de plus vous passiez chez lui, en sa compagnie et en celle d'Ida, une partie de vos soirées. De là, à conclure à un mariage, il n'y a qu'un pas.

— Eh bien ! on s'est trompé. Il n'a jamais été question de mariage entre Ida et moi, je n'en ai même jamais eu la pensée; cela est précis, n'est-ce pas ?

Tout en causant, le colonel avait accompagné Gaston. Il le quitta et revint sur ses pas, marchant rapidement sous le coup de l'exaspération ; car, s'il n'était pas fâché contre Gaston, il l'était contre « les autres ».

Cette question de mariage le poursuivait donc toujours et sans relâche ? Il fallait en finir.

Et revenant sur ses pas, il franchit la grande porte et sonna à la grille de l'hôtel Lazarus, décidé à provoquer une explication ce soir même.

XXIII

Ce n'était pas chez lui que le baron avait coutume de recevoir le colonel, c'était chez sa fille.

En effet, c'était pour sa fille qu'il restait à la maison ; il était donc tout naturel que ce fût chez sa fille qu'il passât la soirée, dans cette pièce où le colonel avait été reçu dès le second jour de son arrivée à Paris, et qui, par sa disposition comme par son ameublement, son aquarium, sa volière, sa bibliothèque de littérature et de musique, son piano, son orgue, ses chevalets, ses tableaux, ses objets de ménage, présentait une si étrange réunion de choses qui juraient entre elles.

Chaque fois qu'il arrivait, le colonel trouvait le baron assis dans un large fauteuil, devant une table sur laquelle était servi un plateau avec un cruchon plein de bière et deux verres ; installée devant le piano ou devant l'orgue, Ida faisait de la musique pour son père, qui, renversé dans son fauteuil, les jambes posées sur un tabouret, suivait en l'air les dessins capricieux de la fumée de sa pipe.

Il était impossible de voir à Paris un tableau de la vie de famille plus patriarcal. Évidemment cette bonne fille serait un jour la meilleure femme qu'un mari pût souhaiter ; en elle, tout se trouvait réuni : les talents les plus variés, et avec cela l'ordre, la complaisance, l'indulgence, la simplicité, heureuse d'un rien, heureuse surtout du bonheur qu'elle donnait.

Quand elle disait *Lieber papa*, sa voix était une suave musique.

Et il était impossible d'être plus gracieuse qu'elle quand, penchée devant son père, elle lui tendait un papier roulé pour qu'il allumât sa pipe.

Où aurait-on trouvé à Paris une jeune fille qui aurait permis que son père fumât chez elle, et la pipe encore?

Pour elle, au contraire, cela était tout simple; elle ne pensait qu'aux plaisirs des autres, et, pour son odorat, la fumée de la pipe paternelle ne pouvait que sentir bon.

Quand le colonel entra chez Ida, celle-ci était au piano en train de jouer une romance de Mendelssohn, et le baron, sa pipe allumée, était assis dans son fauteuil.

Au bruit que fit la porte en s'ouvrant, Ida tourna la tête; mais le colonel lui fit signe de ne pas s'interrompre.

Quant au baron, il ne bougea pas; on pouvait croire qu'il était absorbé dans une sorte de ravissement. Renversé dans son fauteuil, les yeux perdus dans le vague, il n'était plus assurément aux choses de la terre : était ce la musique, était-ce le tabac qui produisait cette extase? les deux peut-être.

Le colonel, sans faire de bruit, s'assit sur le premier siège qu'il trouva à sa portée et attendit que la romance fût finie.

Le dernier accord plaqué, Ida quitta vivement son tabouret et vint à lui en courant.

— Vous êtes en retard, dit-elle; voilà pourquoi j'ai joué cette romance à papa. Voulez-vous que je la recommence pour vous?

Le baron était enfin sorti de son état extatique.

— Oui, dit-il, recommence, je te prie; le colonel sera heureux de t'entendre, tu as joué comme un ange.

Mais le colonel n'était pas en disposition d'écouter la musique avec recueillement, même quand c'était un ange qui était au piano.

Il resta immobile sur son siége, n'écoutant guère et suivant sa pensée intérieure d'autant plus librement qu'il ne se croyait pas observé.

Mais Ida, qui jouait de mémoire, jetait de temps en temps un regard de côté sur une glace, dans laquelle elle suivait les mouvements de physionomie du colonel et voyait sa préoccupation.

Quant au baron par suite d'une heureuse disposition particulière dont l'avait doué la nature et qu'il avait singulièrement développée par l'usage, il pouvait voir ce qui se passait autour de lui, sans paraître le regarder : si bien qu'il remarqua aussi, à l'air sombre et recueilli du colonel, qu'il devait être arrivé quelque chose d'extraordinaire.

Cela troubla sa jouissance musicale, et, au lieu d'écouter religieusement la romance de Mendelssohn, il se demanda curieusement ce qu'avait le colonel.

Plusieurs fois, dans le cours de la soirée, qui se passa assez tristement, Ida fit un signe furtif à son père pour lui montrer le colonel; mais le baron répondit toujours en mettant un doigt sur ses lèvres.

Ce fut le colonel lui-même qui prit les devants.

— Voulez-vous me donner monsieur votre père pendant quelques instants ? dit-il en s'adressant à Ida. J'ai à l'entretenir d'une affaire pressante, pour moi très-importante, et je ne voudrais pas vous imposer l'ennui de l'entendre.

Tous deux sortirent pour passer dans le cabinet du baron. Lorsqu'ils furent entrés, le colonel se retourna pour s'assurer que la porte était fermée.

— Alors c'est très grave ? demanda le baron en souriant.

— Très-grave pour moi, et même jusqu'à un certain point pour vous. Je pense, que mon assiduité dans votre maison vous a prouvé tout le plaisir que j'éprouvais à vous voir, ainsi que mademoiselle Lazarus.

— Plaisir partagé, mon cher ami, dit le baron en mettant la main sur son cœur, soyez-en convaincu; nos réunions ont été un vrai bonheur pour moi, aussi bien que pour ma fille.

— Isolé à Paris, continua le colonel, n'ayant que quelques amis dont les plaisirs étaient quelquefois pour moi une fatigue, j'étais heureux de trouver une maison calme...

— Avec la vie de famille, acheva le baron; dites-le franchement, mon ami. C'est là en effet ce que nous pouvions vous offrir

— Et ce que vous m'avez offert avec une cordialité que je n'oublierai jamais.

Le baron suivait ce discours avec anxiété, se demandant où il devait aboutir, et pressentant, au ton dont il était prononcé, à l'embarras qui se montrait dans le choix des mots, enfin à mille petits faits résultant de l'attitude et des regards du colonel, que sa conclusion ne pouvait être que mauvaise.

Ces paroles furent pour lui un trait de lumière qui illumina tout ce qui avait été dit d'obscur jusqu'à ce moment par le colonel et en même temps le but encore éloigné auquel celui-ci tendait.

C'était un adieu que le colonel lui adressait.

Instantanément son plan fut tracé avec une sûreté de coup d'œil qui lui rendit sa présence d'esprit, un moment troublée.

Le colonel avait fait une pause, comme s'il s'attendait à être aidé par le baron; mais, celui-ci étant resté silencieux, les yeux fixés sur lui, il continua:

— Ceci dit, et il fallait le dire pour qu'il n'y eût pas de

malentendu entre nous, j'arrive à la partie difficile de la demande que j'ai à vous adresser, et pour laquelle, vous le voyez, je cherche mes mots sans les trouver.

Le baron se mit à rire de son gros rire bon enfant.

— Comment! mon cher ami, vous cherchez vos paroles avec moi et pour une demande telle que celle que vous avez à m'adresser? Allons donc! Pourquoi ne pas parler tout simplement, franchement, sans détours et sans ambages?

— Assurément vous avez raison, dit le colonel, surpris de cette gaieté; mais...

— Mais, quoi! croyez-vous que je ne sache pas ce qu'il y a dans votre demande?

— Vous savez?

— Parbleu! Et vraiment, dans les termes où nous sommes, cela n'est pas bien difficile à deviner. Je ne suis pas un grand sorcier ni un grand diplomate; je suis un bon père, voilà tout; un homme qui aime sa fille et auquel l'amour paternel donne une certaine clairvoyance.

Il se tut pour regarder le colonel avec une bonhomie pleine d'émotion.

— Voyons, dit-il en poursuivant, si je ne m'étais pas aperçu depuis longtemps de ce dont il s'agit, je ne serais pas le père que vous connaissez.

Contrairement à ce qu'avait fait le colonel, le baron parlait d'une voix forte et rapide, de telle sorte qu'il était à peu près impossible de l'interrompre.

— Savez-vous ce que j'ai fait, lorsqu'il y a quelques mois j'ai commencé à me douter de quelque chose? Non, n'est-ce pas? Eh bien! je vais vous le dire pour que vous compreniez ce que je suis et pour que vous me jugiez tout entier. Je me suis adressé à ma fille, là tout franchement, directement. Je vois que ça vous étonne. Eh bien! cependant, je crois que je n'ai pas eu tort. Au reste, j'aurais voulu agir autrement que je n'aurais pas pu.

Quand on est franc, si l'on veut biaiser avec sa franchise, on ne fait que des maladresses, maladresses de paroles et, ce qui est plus grave, maladresses de conduite. Vous me direz que j'aurais pu m'adresser d'abord à vous. Cela est vrai, mais avec ma fille j'avais une liberté que je n'aurais pas eue avec vous. Je me suis donc adressé à elle et je lui ai dit : « Ma chère fille, je ne suis pas soupçonneux et n'ai aucune des qualités d'un juge d'instruction ou d'un limier de police, cependant je vois autour de moi des choses qui me touchent au cœur, je vois ce qui se passe, mais je ne sais pas quels sont tes sentiments, et je viens à toi franchement pour que tu me les dises. » Je dois vous confesser qu'elle a été émue et troublée en m'entendant parler ainsi. Alors j'ai continué : « Je ne désapprouve rien, et avant tout je dois te déclarer, ce que tu sais déjà, mais enfin il est bon que cela soit nettement exprimé, je dois te déclarer que j'ai pour le colonel Chamberlain la plus haute estime et la plus chaude sympathie ; en un mot, c'est l'homme selon mon cœur. » Je vous demande pardon de vous dire cela en face, mon cher ami ; mais, puisque telles ont été mes paroles, je dois les répéter sans les altérer.

Le colonel, qui tout d'abord, et aux premiers mots significatifs de ce discours, avait voulu l'interrompre, écoutait maintenant, bouche close, se demandant avec stupéfaction ce que tout cela signifiait.

Le baron poursuivit :

— « Maintenant que tu connais mes sentiments à l'égard du colonel, dis-je à ma fille, je te prie de me faire connaître les tiens en toute sincérité, en toute franchise. » Vous pouvez vous imaginez quel trouble cette question directe lui causa. Je voulus alors venir à son aide. « Ce n'est point une confession que j'espère de toi, c'est un mot, un seul mot, mais net et précis : si le colonel Chamberlain me demande ta main, que dois-je lui répondre? »

A ce mot, le colonel se leva ou plus justement sauta de dessus le fauteuil qu'il occupait.

Mais de la main, le baron, par un geste paternel et avec un bon sourire, lui imposa silence:

— Je vois que cela vous étonne, dit-il, mais je suis ainsi fait; quand je veux savoir une chose, je ne trouve pas de meilleur moyen que de la demander tout naïvement. Si ma question vous surprend maintenant, elle ne surprit pas moins ma chère Ida. En parlant, je la regardais; je vis son front rougir, puis son cou; ses yeux s'emplirent de larmes; ses lèvres frémirent, sans former des mots, et elle détourna la tête; mais presque aussitôt, relevant les yeux sur moi et me lançant un coup d'œil qui me troubla moi-même profondément, tant il trahissait de joie et de bonheur, elle se jeta dans mes bras et cacha sa tête sur ma poitrine. Je n'insistai pas, vous le comprenez bien; ce que je venais de voir était la réponse la plus précise que je pusse désirer. Vous voyez, mon ami, que vous pouvez m'adresser votre demande sans crainte; je l'attendais et je suis prêt à y répondre: Oui, cent fois, mille fois, oui.

Et, comme le colonel se tenait devant lui, dans l'attitude de la stupéfaction:

— Ce n'est pas quand je sais qu'elle vous aime que je peux dire non, n'est-il pas vrai? alors que le *oui* m'est si doux à prononcer.

Le colonel restait toujours immobile, sous le regard souriant du baron.

Alors celui-ci parut remarquer cette immobilité et cette stupéfaction; son sourire s'effaça, et peu à peu, mais rapidement cependant, son visage prit l'expression de la surprise.

— Eh quoi! dit-il, que se passe-t-il donc en vous?

qu'avez-vous? pourquoi ce regard troublé? qui cause cette émotion? Vous vous taisez? Ah! mon Dieu!

Et le baron, à son tour, se leva vivement.

— Voyons, mon ami, dit-il, mon cher ami, vous m'avez bien dit, n'est-ce pas, que vous aviez une demande à m'adresser?

— Oui.

— Eh bien! alors c'est à cette demande que j'ai répondu. Que trouvez-vous dans cette réponse qui ne vous satisfasse pas? Elle est à vous, je vous répète que je vous la donne.

Le colonel, gardant le silence, baissa la tête.

Le baron parut le regarder avec une surprise qui croissait de seconde en seconde; tout à coup il se frappa la tête, et prenant le colonel par la main:

— Cette demande, dit-il, — sur votre honneur, répondez franchement, colonel; — cette demande ne s'appliquait donc pas à ma fille? Sans pitié, sans ménagement, sans circuit, un oui ou un non: répondez, colonel, répondez.

— Je venais vous dire qu'en présence de certains propos qui couraient dans le monde et que mon assiduité chez vous paraissait justifier, je vous demandais à suspendre nos relations.

Le baron tomba affaissé sur son fauteuil, comme s'il venait de recevoir un coup de massue qui l'avait assommé.

— Ah! mon Dieu! dit-il, ma pauvre enfant!

A plusieurs reprises, il répéta ces trois mots avec un accent déchirant: il était accablé.

Bientôt il redressa la tête, et, à plusieurs reprises, il passa ses deux larges mains sur son visage en les appuyant fortement comme pour comprimer son front; puis, se levant et croisant ses bras, il vint se placer en face du colonel, à deux pas.

— Et vous m'avez laissé parler? dit-il.

12.

Ce n'était pas de la colère qu'il y avait dans ces paroles: c'était une profonde douleur, un morne désespoir.

— Moi, dit-il, j'ai mis à nu devant vous le cœur de ma fille.

Un temps assez long se passa, sans qu'ils prissent ni l'un ni l'autre la parole.

Le colonel ne savait que dire, et le baron attendait qu'il commençât.

Enfin le baron se décida.

— Ne me répondez pas, dit-il; nous ne sommes point en état de nous expliquer en ce moment. Vous réfléchirez de votre côté; moi, je réflechirai du mien, et tous deux, en hommes d'honneur, nous chercherons un moyen pour sortir de cettte terrible situation. En attendant, je vous prie de ne pas interrompre vos visites et je vous demande d'être pour ma fille ce que vous avez été. Il ne faut pas qu'elle apprenne la vérité par un coup brutal: elle en mourrait, ne l'oubliez pas. Je la préparerai; nous chercherons, nous verrons. Je compte donc sur vous pour notre dîner de mardi.. Vons viendrez?

— Je viendrai.

Quand le colonel se fut retiré, le baron rentra chez sa fille, se frottant les mains à se les brûler.

— Eh bien! papa? dit Ida.

— Eh bien! mon enfant, le colonel cherche en ce moment une bonne formule pour me demander ta main; viens que je t'embrasse.

XXIV

Mais ce plan du baron ne se réalisa pas tel qu'il avait été conçu, il lui manqua la condition sur laquelle le baron comptait le plus : le temps, et le hasard, que le baron n'avait pas admis dans ses calculs, vint bouleverser ses savantes combinaisons.

On sait quel mouvement de surprise et de stupéfaction s'empara de tout le monde, lorsqu'au mois de juillet 1870 on comprit tout à coup que la guerre entre la France et la Prusse pouvait faire explosion d'un moment à l'autre.

En disant que tout le monde fut surpris, le mot n'est peut-être pas tout à fait juste.

Il y avait en effet, en France, des gens que la marche du gouvernement épouvantait, et qui se disaient que ce gouvernement aux abois, après avoir essayé de tous les expédients et tenté toutes les aventures, se jetterait, un jour où l'autre, dans une nouvelle guerre pour retrouver là quelques mois de force et de puissance qui lui permissent de résister à la liberté.

D'autres, qui connaissaient la Prusse et qui savaient quel formidable engin de guerre elle avait entre les mains, se disaient que sûrement elle voudrait s'en servir avant qu'il se fût rouillé, et établir ainsi sa domination dans toute l'Allemagne sur la défaite de la France.

De là des points noirs, comme on disait alors, c'est-à-dire des nuages chargés d'orages qui, se rencontrant et se choquant, devaient fatalement allumer la foudre.

Mais ces nuages, qui, en ces dernières années, avaient souvent menacé de se rencontrer, paraissaient pour le moment éloignés l'un de l'autre; le ciel était serein, le baromètre était au beau, et les esprits timides avaient fini par se rassurer. Ce ne serait pas pour cette année

Le baron Lazarus lui-même, qui savait bien des choses et qui, par ses relations multiples aussi bien en France qu'en Allemagne, était en mesure d'être bien informé, répétait comme beaucoup d'autres : ce ne sera pas cette année.

Si, pour certaines raisons, cette croyance le satisfaisait, pour d'autres non moins sérieuses elle le désespérait; car, depuis longtemps averti et convaincu de l'imminence de la guerre, il était à la baisse dans toutes ses spéculations. Au lieu du trouble qui devait rétablir ses affaires, il voyait de nouveau se raffermir une tranquillité qui les ruinait; encore quelques mois de paix et il était perdu. C'était même cette expectative terrible qui, en ces derniers temps, lui avait fait si ardemment désirer de marier sa fille au colonel : la guerre ou la fortune du colonel. Si les deux lui manquaient, c'en était fait de lui.

Tout à coup cette guerre, qu'il croyait écartée pour l'année présente, se montra menaçante, et en quelques jours les chances de paix semblèrent disparaître complètement, tant des deux côtés on était disposé à saisir les occasions de lutte qui se présentaient ou qu'on pouvait faire naître.

Les evénements se précipitèrent, la rente, qui était à 72 60 le 5 juillet, était à 67 40 le 14.

C'était la fortune pour le financier, mais d'un autre côté c'était la ruine des espérances du père.

En effet, si la guerre éclatait, il ne pouvait pas rester à Paris, et alors que devenait son plan, qui devait si habilement amener le colonel à prendre Ida pour femme?

Il fallait donc, s'il était obligé de quitter Paris, que le colonel le quittât en même temps.

Aussitôt que les bruits de guerre s'élevèrent, et ce fut justement le lendemain du jour où eut lieu leur entretien et « où le cœur d'Ida avait été mis à nu, » le baron s'occupa de préparer le colonel à ce départ.

Au dîner qui suivit cet entretien, le colonel eut pour voisin de table un médecin qui, disait-on, connaissait admirablement les eaux minérales de toute l'Europe. Plusieurs fois il sembla au colonel que ce médecin le regardait avec attention, comme s'il voulait l'étudier.

Après le dîner, ce voisin peu agréable ne le lâcha pas et, se cramponnant à lui de force, l'attira dans un coin.

Il mit la conversation sur les maladies de foie, et cita des cures merveilleuses obtenues par les eaux minérales.

Puis, tout à coup, quittant les états généraux pour en prendre un particulier, il se mit à interroger le colonel comme dans une consultation.

— Vous devez souffrir d'obstruction du côté du foie; j'en suis aussi certain que si vous m'aviez longuement raconté ce que vous éprouvez.

Et, se tenant à des indications assez vagues, il décrivit les différents états par lesquels le colonel passait dans la digestion.

— Est-ce exact?

— Très exact.

— Eh bien! mon cher monsieur, si j'étais à votre place, je n'hésiterais pas une minute; je partirais pour Carlsbad, Marienbad, Kissingen ou Hombourg, dont les eaux vous débarrasseraient rapidement. Sans doute votre état n'est pas grave; cependant je suis convaincu qu'une médication fondante et résolutive vous serait salutaire. Il ne faut pas garder cela, voyez-vous; pris en temps, ce n'est rien, tandis que quand on a attendu, il est souvent trop tard lorsqu'on veut agir. Les eaux allemandes, c'est non-seulement un conseil d'ami, c'est encore un ordre de médecin, si vous me permettez de parler ainsi.

Quelques instants après que le médecin se fut éloigné, le baron se rapprocha du colonel.

— Eh bien! dit-il, que me raconte donc le docteur Pfœfœrs? Il vous ordonne les eaux dans notre pays. Si je puis vous être utile, je me mets à votre disposition.

— Je vous remercie, je ne puis pas quitter Paris en ce moment.

— Même quand la science l'ordonne !

— Je ne puis pas obéir à la science.

— Mais c'est une horrible imprudence.

— Plus tard, je verrai.

Il fut impossible de le décider ou de l'ébranler; il avait trop souvent vu la mort pour avoir peur des médecins, et leurs arrêts le laissaient parfaitement calme quand il n'en riait pas.

Il fallut se tourner d'un autre côté, et ce fut Ida qui dut essayer de décider le colonel à faire un voyage en Allemagne.

Mais pour cela il aurait fallu du temps, et précisément le temps manquait.

De jour en jour, d'heure en heure, la guerre devenait plus menaçante, et, par ce qui se passait à Paris, au moins par ce qu'on voyait, il était évident que le gouvernement français cherchait à provoquer les sentiments guerriers du pays, comme pour lui faire prendre une part de responsabilité dans la déclaration de la guerre.

Paris présentait une physionomie étrange, où les émotions théâtrales se mêlaient aux sentiments les plus sincères.

On a la fièvre ; on sort pour savoir, pour respirer. Sans se connaître, on s'aborde, on s'interroge, on discute; les boulevards sont une cohue, et, tandis que les piétons s'entassent sur les trottoirs, les voitures sur la chaussée s'enchevêtrent si bien, qu'elles ne peuvent plus circuler. De cette foule partent des vociférations; on crie : « Vive la la guerre ! A bas la Prusse ! » tandis qu'à côté on répond : « Vive la paix ! » On chante la *Marseillaise*, les *Girondins*, le *Chant du départ*, et, pour la première fois depuis vingt ans, Paris entend : « Aux armes, citoyens ! » sans que la police lève ses casse-tête; elle permet qu'il y ait des citoyens.

L'heure s'avance, la foule s'éclaircit, l'encombrement

des voitures diminue; alors sur la chaussée on voit s'avancer des gens en blouses blanches, qui forment des sortes d'escouades, ayant à leur tête un chef qui porte une torche allumée.

— A Berlin! à Berlin! Vive la guerre!

Dans la foule, tandis que quelques enthousiastes faciles à enflammer répètent : « A Berlin! » on se regarde en voyant passer ces comparses, on sourit ou bien on hausse les épaules, et quelques voix crient : « A bas les mouchards! »

Un soir que le colonel regardait ces curieuses manifestations, il aperçut, dans une calèche découverte qui suivait ces blouses blanches, un homme que depuis longtemps il n'avait pas vu : le comte Roqueblave. De temps en temps le comte se penchait en dehors de la calèche, qui allait au pas, et, le visage souriant, — s'il est permis de donner le nom de sourire à la grimace qui élargissait cette face épaisse, — il applaudissait des deux mains en criant : « Bravo, mes amis, bravo! » Assise près de lui, se trouvait une personne d'apparence jeune, qui, la tête tournée du côté opposé à celui où se trouvait le colonel, criait à pleine voix : « A Berlin! Vive l'empereur! » Tout à coup ce jeune homme, dont la voix dominait le tumulte, se redressa pour se pencher vers le comte Roqueblave, et le colonel recula d'un pas, stupéfait.

C'était Anatole!

Anatole frais, élégant, bien peigné, bien cravaté, bien ganté; Anatole assis auprès du comte Roqueblave, dans la voiture d'un sénateur: Anatole en France.

Instinctivement le colonel regarda autour de lui pour voir s'il ne devait point parer quelque coup de couteau; mais il n'aperçut que de bons bourgeois qui applaudissaient ou qui huaient cette manifestation courtisanesque d'un personnage dont le nom circulait dans les groupes.

Comme le comte, penché en dehors de la calèche, répétait : « A Berlin ! » un gamin, qui se trouvait au premier rang des curieux sur le trottoir, descendit sur la chaussée, et, s'avançant de deux ou trois pas vers la voiture, il se mit à crier, avec cette voix grasse et traînante qui n'appartient qu'au voyou parisien :

« A Chaillot, le père noble ! Oh ! la la ! »

Et la calèche s'éloigna au milieu des rires, des huées et des applaudissements confondus, sans qu'Anatole eût aperçu et reconnu son cousin, le colonel Chamberlain, perdu dans la foule.

Pendant quelques jours, ces manifestations continuèrent plus ardentes ou plus tranquilles, selon que les chances de paix ou de guerre s'accentuaient.

Un jour, les canons étaient chargés; le lendemain, la paix n'avait jamais été sérieusement menacée ; hier les Prussiens étaient nos amis, aujourd'hui ils étaient nos ennemis, demain ils redeviendraient nos amis, et, dans le gouvernement, deux ou trois comédiens, aux reins souples et au cœur léger, faisaient des passes et des poses avec le drapeau de la France; ils le dépliaient, ils le repliaient, ils l'agitaient furieusement, ils le remettaient dans leur poche en souriant. C'était éblouissant.

Cependant les événements avaient marché, et, comme de chaque côté on les avait arrangés et exploités en vue de certains intérêts particuliers, ils étaient fatalement arrivés à la guerre : l'ambassadeur de Prusse avait quitté Paris.

Le soir de ce départ, comme le colonel allait sortir de chez lui, on lui annonça M. le baron Lazarus.

Bien que la Bourse eût de nouveau baissé et que la rente fût à 65 fr. 50, ce qui faisait gagner des sommes considérables au baron, celui-ci entra avec une figure grave et sombre; car si le financier était plein de joie, le père, par contre, était plein d'inquiétude.

Qu'allait-il advenir de son plan et comment maintenant décider le mariage de sa fille? Le colonel qui, pendant cette quinzaine, était venu plusieurs fois rue du Colisée, ne s'était pas prononcé, et même il n'avait fait aucune allusion à leur entretien.

— Je viens vous apprendre, dit le baron en s'asseyant, que M. le baron de Werther est parti ce soir, avec tout le personnel de l'ambassade, par le train de cinq heures.

— Alors tout est fini?

— C'est-à-dire que tout commence. La France a voulu la guerre, elle l'a. Maintenant, c'est la question de la prépondérance de la France ou de l'Allemagne en Europe qui est engagée : la Providence seule sait quand et comment elle se résoudra. Mais les intérêts généraux ne doivent pas nous faire oublier les intérêts particuliers; je viens donc vous demander à quoi vous vous êtes arrêté.

Le colonel regarda le baron comme pour le prier de préciser sa question.

Celui-ci s'inclina et continua :

— Il est à craindre, dit-il, que nous ne soyons nous-mêmes obligés de quitter Paris, car la guerre va prendre un caractère implacable; si cela se réalise, je désire savoir quelles sont vos intentions.

— Mais je n'ai pas de raisons pour quitter Paris, au contraire.

— Pas de raisons pour quitter Paris? Pas de raisons pour venir en Allemagne?

— Oubliez-vous que je suis Français d'origine? Ne savez-vous pas que je suis Français de cœur. Je ne peux pas, pendant la guerre, aller chez les ennemis de mon pays.

— Je vois que vous avez oublié notre entretien.

— Ah! certes, non, et je vous jure que vous ne devez douter ni de ma sympathie ni de mon amitié pour mademoiselle Lazarus : mais...

Il hésita.

— Mais?... demanda le baron.

— Mais la sympathie et l'amitié, si vives qu'elles soient, ne suffisent pas pour faire un mariage.

Le baron se leva avec dignité.

D'un geste rapide, le colonel le pria de ne pas se retirer; car, bien qu'il n'eût rien à dire, il eût voulu dire quelque chose.

— Il me semble que ces événements, dit-il enfin, ont au moins cela de bon, qu'ils couperont court aux propos du monde.

— Je vois que vous savez tirer parti des événements, dit le baron en se dirigeant vers la porte.

Mais, prêt à sortir, il se prit la tête dans les deux mains et murmura :

— Oh! ma pauvre enfant!

Le colonel, qui le suivait de près, fut ému par ces paroles.

Le baron s'était arrêté tout à coup. Il releva la tête.

— Colonel, dit-il, j'ai une demande à vous adresser, et, bien qu'elle me coûte cruellement, je ne dois penser qu'à ma fille. Après avoir longuement et douloureusement réfléchi, mon intention n'est pas de lui avouer la vérité, au moins présentement; je désire lui laisser croire que vous restez à Paris par patriotisme, et que cette raison est la seule qui vous empêche de nous accompagner en Allemagne. Plus tard, lorsque le temps aura apporté un certain apaisement à son chagrin, je la préparerai peu à peu à la vérité; mais, pour que ce plan réussisse, il me faut votre concours. Je compte quitter Paris dans deux ou trois jours : voulez-vous m'accompagner à la gare et m'aider à tromper cette pauvre enfant? Sans doute, il vous faudra feindre des sentiments que vous n'éprouvez pas, mais la pitié vous inspirera.

Le baron essuya sa joue du bout de son doigt ; il pleurait, ce pauvre père !

Bien entendu, le colonel promit ce qui lui était demandé ; pouvait-il refuser ?

Il voulut même faire davantage, et, le lendemain soir, il se rendit rue du Colisée.

La maison était bouleversée. Une escouade d'ouvriers emballeurs entassait, dans les caisses en bois, tous les objets de valeur qui garnissaient les appartements : les tableaux, les bronzes, les livres, les porcelaines et les meubles assez légers pour être emportés.

— Savons-nous quand nous reviendrons et ce que nous retrouverons ? dit le baron.

Ida, prenant le colonel par la main, le conduisit devant la volière et l'aquarium.

— J'ai compté sur vous, dit-elle tristement ; je ne puis emporter ni mes oiseaux ni mes poissons, et j'ai peur qu'on ne les laisse mourir ici. Voulez-vous que je les fasse porter chez vous demain matin ? En les regardant, vous penserez quelquefois à l'exilée.

Puis, le baron les ayant laissés seuls, elle lui prit la main, et la lui serrant fortement :

— C'est bien, dit-elle ; en restant à Paris, vous faites votre devoir. La France n'est-elle pas votre patrie ?

Elle paraissait émue, mais en même temps cependant soutenue par une volonté virile.

Leur départ était fixé au mercredi. Ce jour-là, le colonel, comme il l'avait promis, arriva rue du Colisée pour monter en voiture avec eux et les accompagner à la gare.

Il n'avait pas besoin « de feindre des sentiments qu'il n'éprouvait pas, » selon le conseil du baron ; il était réellement sous une impression pénible.

La gare était encombrée d'Allemands qui quittaient la France : c'était un entassement, une cohue ; mais, devant M. le baron Lazarus, les portes secrètes s'ouvrirent, et le colonel accompagna Ida jusqu'au wagon retenu pour elle.

Pendant que le baron s'installait dans son compartiment avec l'aide de son secrétaire, Ida prit le bras du colonel, et l'emmenant quelques pas plus loin :

— Vous souviendrez-vous ? dit-elle.

Et elle lui tendit une petite branche de *vergise mein nicht*, qu'elle tira de son corsage.

Avant que le colonel eût répondu, le baron appela sa fille.

Ils revinrent vers le wagon, et elle monta en voiture.

Le baron tendit la main au colonel :

— Au revoir !

On sonna le départ, la machine siffla, le train s'ébranla lourdement, et dans la fumée, le colonel resté sur le quai, aperçut un mouchoir blanc qui voltigeait, — celui d'Ida.

Il sortit de la gare tant bien que mal, au milieu des pauvres gens qui, moins puissants que le baron, n'avaient pas pu partir.

Si les Allemands quittaient la France pour retourner dans leur pays, les Français qui étaient en Allemagne n'allaient-ils pas revenir en France, même les proscrits et les condamnés politiques ?

Et Thérèse ?

FIN DE IDA ET CARMELITA (1)

(1) L'épisode qui suit *Ida et Carmélita* a pour titre *Thérèse*.

ÉMILE COLIN — Imprimerie de Lagny